KB036798

꿈과 끼를 찾는 자유학기제!

우리 아이들에게 꼭 필요한 제도일까?

자유학기제의 모델 "전환학년제"

아일랜드를 찾아서 그들의 생생한 이야기를 듣다!

꿈의 수업
자유학기제,
아일랜드에서 찾다

꿈의 수업
자유학기제,
아일랜드에서 찾다

펴낸날 2014년 6월 20일 1판 1쇄

글·사진 양소영

펴낸이 김영선
기획·편집 이교숙
디자인 차정아

펴낸곳 (주)다빈치하우스-미디어숲
주소 서울시 마포구 독막로8길 10 조현빌딩 2층(우 121-884)
전화 02-323-7234
팩스 02-323-0253
홈페이지 www.mfbook.co.kr
출판등록번호 제 2-2767호

값 16,800원
ISBN 978-89-91907-59-1(43370)

• 이 책은 (주)다빈치하우스와 저작권자와의 계약에 따라 발행한 것이므로
  본사의 허락 없이는 어떠한 형태나 수단으로도 이 책의 내용을 사용하지 못합니다.
• 미디어숲은 (주)다빈치하우스의 출판브랜드입니다.
• 잘못된 책은 바꾸어 드립니다.

이 도서의 국립중앙도서관 출판시도서목록(CIP)은 서지정보유통지원시스템 홈페이지(http://seoji.nl.go.kr)
와 국가자료공동목록시스템(http://www.nl.go.kr/kolisnet)에서 이용하실 수 있습니다.
(CIP제어번호: CIP2014016741)

꿈의 수업
자유학기제,
아일랜드에서 찾다

양소영 지음

미디어숲

가장 중요한 것은 자녀들이 앞으로 무엇을 해야 할지, 왜 그 일을 해야 할지를 깨닫게 해주는 것!

서울대학교 교수라는 자리에 있다 보니 해마다 많은 학생을 만나게 된다. 그런데 학생들과 대화를 나누다 보면 깜짝 놀랄 때가 종종 있다. 한국에서 가장 똑똑하고 열심히 공부한다는 서울대학교 학생들이, 놀랍게도 자신이 선택한 전공이 무엇인지도 잘 모르고 대학에 진학한다는 것이다. 이로 인해 대학생활에 잘 적응하지 못하고 방황하는 학생들을 보기도 한다. 방황하는 학생들의 상당수는 자신이 학과를 택한 것이 아니라 부모가 택해 줘서 왔고, 자신이 하고 싶은 일은 이게 아닌데, 이미 OO과를 선택했으니 그냥 수업은 듣지만 왜 공부해야 하는지도 잘 모르고, 열심히 하겠다는 열의가 없는 경우가 많았다. 이러니 열심히 공부를 하고 미래를 준비할 의욕이 별로 없다. 대학 졸업 후 전공학과에 맞춰 취직했다가, 취직한 직장이 적성에 맞지 않는다고 불과 몇 달 만에 사표를 내고 나오는 사람들도 있다. 개인적으로나 국가적으로 엄청난 낭비가 일어나는 셈이다.

대학은 앞으로 30여 년의 직장생활을 준비하는 곳이다. 30여 년 동안 일해서 성공도 하고 보람도 있으려면, 자신의 적성과 능력에 맞는 일을 찾는 것이 무엇보다 중요하다. 그 일에 맞게 대학 전공을 선택하는 것이 가장 좋을 것이다. 그러기 위해서는 대학교 입학 전 중·고교 시절에, 어떤 직업들이 있고, 내가 하고 싶은 일과 잘하는 일은 무엇이며, 내가 왜 그 일을 해야 하는지 등을 생각해 보고 탐구해 보는 시간은 매우 중요하다고 하겠다.

자신이 원하는 일을 찾아 이를 대학 전공으로 선택한다면, 시행착오를 대폭 줄일 수 있다. 그리고 스스로 자신이 좋아하는 일을 깨달을 수만 있다면 열심히 노력할 의욕은 절로 생긴다. 부모가 공부하라고 훈계를 하고 옆에 앉아서 지키는 것보다 더 중요한 것이 바로 자녀들에게 앞으로 뭘 해야 할지, 그리고 왜 그 일을 해야 할지를 깨닫게 해주는 것이다.

이런 측면에서 한국에서 현재 전면 도입을 준비 중인 '자유학기제'는 학생들이 스스로의 미래를 탐구해 보는데 많은 도움이 될 것으로 보인다.

중학생 자녀를 둔 엄마이기도 한 저자는, 자유학기제 연구를 위해 이와 유사한 제도(전환학기제)를 성공적으로 운영하고 있는 아일랜드까지 직접 방문했다. 이 책은 그 노력의 결과를 집대성한 것이다. 자유학기제의 성공적인 정착을 위해서는 선생님들과 학부모들의 많은 노력이 필요한 만큼, 이 책은 자유학기제의 국내 정착에 좋은 참고자료가 될 것으로 보인다.

저자는 입학사정관으로 오랫동안 근무한 교육의 전문가이다. 사실 교수인 나보다 더 많이 젊은 학생들과 만나서 대화를 나누었을 것이다. 또한, 기업과 대학 모두에서 열심히 일한 다양한 경력의 소유자이다. 내가 아는 저자는 누구보다도 열심히 살아가는 직장인이자 어머니 — 슈퍼맘이기도 하다. 지금도 한 번 호기심을 품은 것은 밤이 늦더라도 열심히 파고들던 대학원 시절의 저자 모습이 눈에 선하다. 이 책을 쓰기 위해 저자가 얼마나 노심초사 했을지 눈에 선하다. 저자의 바람대로, 이 책이 한국 교육을 한 단계 업그레이드하는 데 조금이라도 공헌할 수 있기를 바란다.

서울대학교 경영대학 교수
최종학

자유학기제, 스스로 생각하고
스스로 결정하는 교육의 시작!

가끔 '우리나라 교육의 문제점은 무엇인가?'라는 질문을 받는다.
첫째는 중고등학교 시절부터 치열한 입시 위주의 교육으로 학생들을 '암기하는 기계'로 만들지 않았나 하는 것이고, 둘째는 진로에 대한 나름의 방향 설정이 전혀 되어 있지 않은 학생들이 매우 많다는 것이다.
수업시간에 토론 수업을 하는 경우에는 주입식 교육의 폐해가 나타나는 경우가 많다. 자신의 생각이나 의견을 발표하는 것이 아니라, 언론보도를 통해 들은 내용이나 주변에서 주워들은 내용을 그대로 옮기는 경우가 많다. 또 의견을 발표하는 경우에도 그 이유나 근거가 매우 약하다. 그렇다 보니 토론식 수업을 진행하는 데 매우 애를 먹는다.

요즘 대학생들의 가장 큰 고민은 취업이나 진로에 관한 것이다. 진로를 정하지 못해 우왕좌왕하는 학생들이 의외로 많다. 사회구조적인 문제도 있지만, 최고 교육을 받는 대학생들이 스스로 진로 설정을 하지 못하는 것을 보고 안타까움을 느낀 적이 한두 번이 아니다.
그 이유는 아마도 중등교육을 받는 어린 시절부터 스스로 생각하고, 스스로 결정하는 교육의 부재에 있는 게 아닌가 싶다. 즉 암기하는 기계가 아닌 생각하는 사람을 만들기 위한 교육의 부재, 학생 나름의 재주나 재능을 발견할 수 있는 기회를 제공하여 진로에 대한 방향 설정을 제시해 주는 기회의 부재가 그 원인인 것 같다. 추천자 역시 어린 시절부터 암기하는 기계로, 또 진로에 대한 방향 설정 없이 학창시절을 보낸 것 같다. 학교에서 누군가가 조금 도와주었더라면 많은 시행착오를 겪지 않았을지도 모른다.

우리나라의 교육현실을 두고 '학원 공화국'이니 '사교육의 천국'이라고 한탄하는 사람도 있다. 이것은 공교육의 부재를 탓하는 말이기도 하고, 사교육비의 과다지출을 비난하는 소리이기도 하며, 학원에 내몰리는 아이들을 보며 가련하다는 생각이 들어 불편한 마음을 표현하는 말이기도 하다.
우리는 현재 평일은 물론이고 주말 새벽부터 밤까지도 학원으로 내몰리는 중학생들에게 조금이나마 도움이 될 수 있는 자유학기제 실시를 앞두고 있다. 자유학기제는 아일랜드의 전환학년제를 참고하여 만든 제도이다. '자유학기제는 과연 우리나라 실정에 맞는 제도인가?' 이러한 의구심을 품는 사람도 많다. 이러한 시점에 이 책의 출간은 큰 의미를 갖는다.

저자는 중학교 1학년 학생의 엄마로서, 입학사정관을 지낸 경험을 살려 아일랜드의 전환학년제를 심도 있게 설명한 후, 우리나라의 자유학기제를 소개하고 있다. 이 책은 교육당국, 학교, 교사, 학부모, 학생들에게 매우 유익한 정보로 활용될 수 있을 것이다. 자유학기제에 관심이 있는 분들에게 일독을 권한다.

끝으로 이 책을 집필하기 위해 직접 아일랜드에 가서 많은 사람을 만난 후 자신의 체험을 녹여내기 위해 많은 노력을 기울인 저자의 노고를 다시 한 번 치하하고 싶다.

서강대학교 법학전문대학원 원장
이상복

꿈의 수업을 하는 사람들의
생생한 이야기를 듣다

영국 런던을 경유하여 비행기를 갈아타고 1시간 남짓 다시 바다를 건너
면 아일랜드에 닿는다. 먼 거리만큼이나 우리나라에 잘 알려지지 않은 나
라 아일랜드. 나는 최근 우리나라의 자유학기제 모델인 아일랜드의 '전환
학년제' 실제 현장을 보기 위해 이 나라를 찾았다.

그들의 교육제도에 대해 듣게 된 것은 아일랜드 출신의 미국 입학사정관
친구를 통해서였다. 해마다 6월이면 보스톤에 위치한 하버드 대학에서
미국 전역의 입학사정관들과 진로 상담교사들이 모여 세미나를 한다.
'Harvard Summer Institute on College Admissions'
그 해 입학 정책과 실제 학생선발 경험들을 공유하고, 이와 더불어 학생
들의 진로, 진학지도에 대해 심도 있는 토론을 하는데 필자도 이 세미나
에 참여하여 아일랜드의 전환학년제(Transition Year)와 영국과 미국의 갭이
어(Gap Year) 등 진로 진학지도에 대한 많은 얘기를 나눌 수 있었다.

새로운 교육제도 '자유학기제'
최근 우리나라 교육계의 화두는 단연 '자유학기제'이다. 정부는 이를 교
육 개혁의 출발점으로 삼겠다고 공언하고 있다.

'과연 자유학기제는 우리 아이들에게 꼭 필요한 제도일까?'
'자유학기제가 성공하면 우리 아이들이 꿈과 끼를 찾을 수 있을까?'
'자유학기제를 제대로 이해하려면 어디서부터 시작해야 할까?'

이때 떠오른 것이 아일랜드의 전환학년제였다. 교육부에서도 자유학기제를 소개하면서 '자유학기제는 아일랜드의 전환학년제를 참고하여 도입한 선진국형 제도'라고 밝힌 바 있다.
나는 아일랜드의 전환학년제가 우리나라의 새로운 교육정책인 자유학기제에 어떤 도움을 줄 수 있을지 궁금했고, 이 제도를 수십 년간 실제로 경험하고 있는 사람들의 생생한 이야기를 듣고 싶었다. 또한, 그들의 경험들을 통해 '우리나라의 자유학기제가 성공적으로 나아갈 방법을 찾아볼 수 있을까'라는 생각으로 아일랜드행 비행기에 올랐다.

그곳에서 아일랜드의 대학, 고교, 부모, 기업의 종사자들을 만났고, 그들을 통해 아일랜드의 역사, 문화, 교육제도 등에 귀 기울이며, 우리나라의 교육제도와 비교해 보고 우리나라의 자유학기제가 성공적으로 나아갈 방향 등을 생각해 보았다.
특히, 트리니티 컬리지 더블린(Trinity College Dublin) 대학의 찰스 패터슨 교수님(Prof. Charlse Patterson)과 웨슬리 컬리지(Wesley College)의 데렉 쇼(Mr. Derek Shaw) 선생님은 연구와 강의로 바쁜 와중에도 필자에게 많은 격려와 함께 대학과 학교에서 실제 진행되는 전환학년 프로그램을 경험할 수 있게 해주시는 등 많은 도움을 아끼지 않으셨다.

'전환학년제' 수업참관

학생들은 수업에 흥미를 느끼며 열심히 참여하고 있었다. 전환학년제를 통해 그들은 자신들의 나아갈 방향을 찾고, 목표를 향해 더 열심히 생활한다고 했다. 학부모들 또한, 전환학년제가 학생들이 여러 가지 경험을 통해 자신의 장점을 발견하고 성장하는 데 도움이 되는 교육제도라는 것에 만족해하고 있었다.

'과연 자유학기제가 우리 아이들에게 필요한 제도일까?'에 대한 의문으로 출발하여 시작된 아일랜드 여정은, '자유학기제가 우리 아이들에게 꼭 필요한 제도'라는 확신을 가지고 돌아올 수 있게 되었다. 또 자유학기제는 우리 아이들이 반드시 경험해야 할 좋은 교육의 기회이며, 자유학기제의 성공을 위해 사회구성원 모두가 뜻을 같이 해야 한다는 확신을 가질 수 있었다.

이 책은 우리보다 40년 먼저 '전환학년제'라는 이름으로 새로운 시도를 한 아일랜드의 사례를 통해 자유학기제에 대한 이해와 필요성에 대해 알아본 것들이다. 세 아이의 엄마로서, 올해 중학교 1학년이 되는 아들을 둔 엄마로서, 내가 아일랜드에서 보고 듣고 체험한 이야기를 적은 글이다. 또한, 입학사정관을 하면서 느꼈던 경험을 바탕으로 우리나라 자유학기제 운영에 대한 새로운 시각을 적은 글이다.

아무리 좋은 교육제도라 하더라도 학생·교사·학부모 사이에 이해와 공감대가 형성되지 않는다면 성공하기가 어려울 것이다. 교육제도의 변화와 정착은 그것이 필요하다는 확신이 교육주체들 사이에서 퍼져나간 이후에야 가능하다.

이 책이 우리의 아이들, 부모, 교사들이 자유학기제를 잘 이해하고 준비하는 데 작은 밑거름이 되었으면 하는 바람이다.

이 책이 나오기까지 도움을 주신 국내외 많은 분들께 감사드리며, 특히 늘 격려와 사랑으로 지지해 주는 남편과 세 아이들 권우, 진우, 지민에게 고맙다는 말을 전하고 싶다.

My special thanks to Prof. Charles Patterson in Trinity College Dublin and Mr. Derek Shaw in Wesley College Dublin who shared precious time and provided the opportunity to experience Transition Year program to me. I enjoyed seeing and participating in your program and departed with a more profound appreciation for your kind help and support to me during my staying in Dublin.

2014년 6월
양소영

차례

Part 1
자유학기제의 시작, 아일랜드
왜, 아일랜드인가? 021

Part 2
아일랜드의 전환학년제
교실이 달라지고 있다 035

자유학기제의 시작, 아일랜드

왜, 아일랜드인가?

왜, 아일랜드인가?

아일랜드로 떠나기 전, 나는 여느 사람들처럼 내가 방문할 나라에 대해 생각해 본다.

'나는 아일랜드에 대해 얼마나 알고 있을까?'

도서관과 서점에 가서 아일랜드 관련 책이 있는지 찾아보았다. 유럽의 다른 나라들에 비해 턱없이 부족한 자료들, 변변한 여행 가이드북조차 없을 정도로 우리에게는 잘 알려지지 않은 서유럽 끝에 있는 나라, 아일랜드. 혹시 문학에 관심이 많다면 예이츠, 오스카 와일드, 제임스 조이스, 걸리버 여행기의 저자 조나단 스위프트(그곳에 가서 알았다. 그가 아일랜드 출신이라는 것을……)를 알 것이고, 만약 술과 커피를 좋아한다면 기네스 맥주, 아이리쉬 커피 정도가 우리에게 알려진 것이 아닌가 싶다.

아일랜드는 유럽 북서쪽에 위치한 나라로 6세기부터 중부유럽에서 이주해 온 켈트 민족이 그 조상이다. 아일랜드 통계청 자료에 따르면 인구는

아일랜드는 오스카 와일드, 제임스 조이스, 예이츠 등 많은 문학인을 배출하였다. (메리온 스퀘어에 있는 오스카 와일드 동상)

2013년 기준 약 459만 명으로 유럽연합(EU) 및 경제협력개발기구(OECD) 회원국에 가입되어 있으며, 2012년 기준 1인당 GDP가 40,100달러인 유럽의 선진국이다.

너무도 아름답지만 자원은 부족한, 척박한 자연환경을 가진 나라. 이 나라는 12세기 영국 헨리2세의 침략 이래로 1937년 정식으로 독립될 때까지 약 800년이라는 긴 세월을 영국의 식민통치를 받았고, 독립을 위해 치열하게 싸웠던 슬픈 저항의 역사를 가지고 있다. 1800년대 '감자 대기근'으로 인구의 절반이 굶주림으로 죽어갔고 많은 아일랜드인이 이러한 피폐한 상황을 피해 미국을 비롯한 여러 신대륙으로 이주하여 정착하였다. 미국에서는 1920년대에 이르러 아일랜드인들이 미국사회의 주류를 이루며 아일랜드계 대통령인 존 F. 케네디를 배출해 내기도 했다. 아직도 아일랜드에서는 존 F. 케네디의 서거일이 되면 TV에서 특집 다큐멘터리를 방영하는 등 케네디에 대한 아일랜드인들의 자부심은 대단하다.

1990년대 전까지 유럽에서 이렇다 할 경제성장을 이루지 못하고 있던 나라 아일랜드는, 그러나 1990년대 중반 이후 성공적인 외국인 투자와 기업투자 활성화정책 등으로 '켈트의 타이거', '리피강의 기적'이라고 불릴 정도로 놀라운 경제성장을 이루었다. 그러나 2008년 국제금융위기로 인해 2010년 IMF의 구제금융을 받는 등 채무위기를 겪었지만, 2013년 12월 구제금융 프로그램을 성공적으로 조기졸업하기도 하였다.

이렇듯 아일랜드는 지리적 환경 및 역사적 경험이 꼭 우리나라를 보는 듯하다.

1. 아일랜드의 교육제도

아일랜드의 교육 특징을 살펴보면 종교, 특히 가톨릭이 교육의 많은 영역에 깊게 연관되어 있다. 전통적으로 국민의 약 90%가 가톨릭 신자이고 가톨릭에서 운영하는 학교들이 많다. 그것이 아일랜드 교육에 영향을 미쳤다.

아일랜드 교육제도는 초등(Primary), 중등(Secondary), 고등(Higher) 교육의 세 단계로 이루어져 있으며, 6세~17세에 해당하는 초등(Primary Education), 중등(Secondary Education) 과정까지는 의무교육을 실시한다.

아름답지만 부족한 자원과 척박한 자연환경을 가지고 있는 아일랜드

초등교육 과정(Primary Education : 6~11세) **|** 우리나라 초등학교에 해당하며, 대부분의 학교가 정부의 지원을 받는 무상교육이다. 국립 초등학교, 특수학교, 사립 초등학교로 구분되어 있으며, 전국에 3,300여 개의 초등학교가 있다.

중등교육 과정(Secondary Education : 12~17세) **|** 우리나라 중고등학교에 해당하며 일반 중등학교, 종합학교(Comprehensible School), 지역학교(Community School)로 구분되어 있다. 일반 학교와 병행하여 직업학교가 있고, 그 외에 전국 8개 지역에 지역 기술학교가 있다. 학년은 Junior Cycle 3년(중학교 과정), Transition Year 1년, Senior Cycle 2년(고등학교 과정)으로 나뉜다.

- 주니어 사이클(Junior Cycle) : 우리나라 중학교 과정에 해당하는데, 영어, 수학, 과학, 외국어를 포함하여 약 11개 과목을 배우고, 3년차에 'Junior Certificate'라는 중학교 졸업시험을 치른다.
- 전환학년(Transition Year) : 주니어 사이클과 시니어 사이클 사이에 해당하는 1년의 선택과정. 이 기간 동안 학생들은 학교수업과 병행하여 체험활동을 통해 자신의 진로와 적성을 찾는다.
- 시니어 사이클(Senior Cycle) : 우리나라 고등학교에 해당하며, 영어, 수학 및 약 6~7개 과목을 수강하는데 영어, 수학이 필수 과목이고, 나머지 과목은 선택과목이다. 2년차에 Leaving Certificate(고등학교 졸업시험)를 치르고, 그 시험성적으로 대학에 진학한다. Leaving Certificate 시험은 한국의 수능 시험에 해당하는데 총점 600점 만점으로 최대 9개 과목의 시험을 치르며, 그중 점수가 높은 6개 과목을 선택하여 합산한 점수로 대학에 지원한다.

고등교육 과정(Higher Education) ┃ 아일랜드는 대학 과정이 3가지 형태로 나뉘는데 그 구분은 아래와 같다.

- University Sector
  - 학사 과정 3년(Honours Bachelors)
  - 석사 과정 1년(Master)
  - 박사 과정 3~4년(PhD)
- Technological Sector
  - 학사 과정 3년(Bachelor Degrees)
  - 석사 과정 1년(Master)
  - 박사 과정 3~4년(Doctoral Degrees)
- Private Independent College
  - 비즈니스, 프로페셔널 트레이닝을 위해 설립된 사립대학으로 회계학, 경제학, 호텔 경영학, 관광학, 예술학이 주류를 이룬다.

최근 아일랜드 교육부(Departmet of Education and Skills)에서 발행한 '2013년~2031년도 초등·중등·고등 교육기관 등록 전망'(Projection of Full-time Enrolment Primary and Secondary, Third Level , 2013~2031)을 보면, 아일랜드는 저출산으로 고민하는 다른 유럽의 국가들과는 달리 2000년~2010년도까지의 출산율 증가로 초등·중등학교 학생들의 수는 꾸준히 증가할 것이고, 이에 고등교육의 수요도 2013년 약 16만 6천명에서 2027년 약 21만 4천명까지 증가할 것이라고 전망하고 있다.

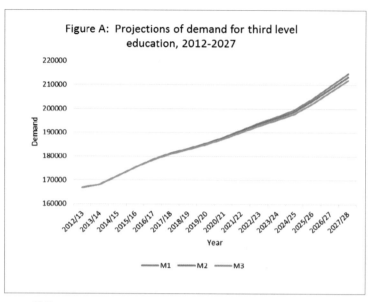

〈출처 : Projection of Full-time Enrolment Primary and Secondary, Third Level , 2013~2031〉

2. 아일랜드 학생들의 진로

아일랜드의 경우 중등교육 과정 졸업생의 약 45% 정도가 대학에 진학한다. 나머지는 국가에서 적극적으로 장려하고 있는 직업전문대학(Institute of Technology)에 진학하거나 취업 등을 한다. 1990년대 중·후반 '켈틱 타이거' 시대에는 건설 경기가 붐이어서 고교졸업생들이 건설회사에 많이 취직하였다. 하지만 요즈음은 취업상황이 좋지 않아 여느 나라들처럼 청년실업에 대한 사회적 고민이 크다.

NET ACCEPTANCES 2012 BY SECTOR

Type of instition :	Total	%
Colleges of Education	1,714	3.7
Dublin Institute of Techology	3,972	8.6
Other Institute of Techology	17,718	38.3
Universities(excl. Colleges of Education)	21,016	45.4
Other institutions	1,836	4.0
TOTAL	46,256	100.0

Central Application Office에서 발간한 2012 보고서- 학생들의 진학현황

　과거 1990년대 아일랜드 정부는 IT산업 육성에 집중하였는데, 정부는 규제를 완화하여 각 IT회사들의 유럽 헤드 사무소를 아일랜드에 유치하였다. 그 결과 컴퓨터학과의 수요가 많아져 1990년대~2000년대 초반까지는 관련 학과에 진학하려는 학생들이 많았다.

　또한, 아일랜드는 전략적으로 제약 산업도 장려하여 많은 의약품을 수출하고, 이에 의료 관련 전문 인력의 수요도 높아 현재 의학 및 약학 대학에 대한 학생들의 지원율은 매우 높다. 이렇듯 산업의 수요에 따라 학과의 선호도가 뚜렷이 나뉜다.

　그러나 최근 아일랜드는 IMF 금융위기 후, 중심 산업구조를 농업청정사업 중심으로 재개편하려 하고 있다. 켈틱 타이거 시대에는 농업 산업이 위축되었으나 현재는 적은 밀도의 인구, 청정한 지역이라는 장점으로 '그린 아일랜드'라는 이미지를 내세워 중국이나 독일 등에 농산품을 수출하고 있다. 따라서 이와 관련된 직업 및 학과에 대한 수요가 높아질 것으로 예상하고 있다.

" 아일랜드의 경우 중등교육 과정 졸업생의 약 45% 정도가 대학에 진학한다. 나머지는 국가에서 적극적으로 장려하고 있는 직업전문대학(Institute of Technology)에 진학하거나 취업 등을 한다. "

3. 아일랜드의 대학입학 제도

아일랜드에서 대학입학은 여느 유럽나라들과는 달리 오로지 시험점수에 의해서만 그 합격이 결정된다. 그래서 학생들은 대학입학을 위한 고교 졸업시험(Leaving Certificate) 점수를 1점이라도 더 올리기 위해 공부에 매진한다. 하지만 이런 입학방식에 대해 아일랜드 내에서도 그 부작용에 대한 많은 논란이 있다고 한다.

교육정책을 담당하는 아일랜드 교육부 관계자의 말을 빌리면, 그렇게 논란이 많아도 선뜻 입학제도를 바꾸지 못하는 이유는, 높은 교육열을 가진 아일랜드 학부모들이 점수가 아닌 다른 평가요소가 들어갔을 때 이를 절대 인정하지 않을 것이며, 그 공정성에 대해 강하게 이의를 제기할 것이라 생각하기 때문이라고 한다.

입학관리는 공정성과 대학의 편의를 위해 대학 자체에서 하는 것이 아니라, 국가의 '중앙 입학지원센터(Central Application Office)'에서 이루어진다. 이곳에서 모든 학생의 고교 졸업시험(Leaving Certificate) 점수를 종합하여 지원학교 및 학과에 학생들을 점수 순으로 배치한다.

모든 대학은 각 학과의 전년도 커트라인을 공개하여 지원자들이 지원 시 참고할 수 있도록 하고, 지원자들은 Leaving Certificate(아일랜드 내 졸업시험), A-Level(영국식 학제에 따른 성적), International Baccalaureate(유럽식 학제에 따른 성적) 등의 졸업시험 점수에 맞추어 지원 대학 및 학과를 정하여 지원한다.

4. 아일랜드의 사교육

　한 나라의 국민성은 그 나라의 자연환경 및 역사적·사회적 경험에서 비롯되기도 한다. 그래서인지 아일랜드는 부족한 부존자원과 역사적으로 암울한 영국의 식민지 경험으로 인해 인적자원 개발 즉, 자녀교육에 열심이다. 사회적으로는 가족 간의 유대가 깊어 대가족 제도를 유지하며, 자녀에 대한 기대와 교육열이 높다. 그래서 유럽에서는 보기 드물게 유명 사교육기관이 존재하고 대학입학 역시 공정성을 위해 아직도 다른 전형요소 없이 시험점수만을 가지고 학생들을 선발한다. 대학입학을 위한 경쟁 또한, 매우 치열하여 많은 청소년이 대학입학을 위한 고교 졸업시험(Leaving Certificate) 점수를 올리기 위해 경쟁하고 있다. 따라서 이에 대한 우려와 비판도 많다.

　한국의 사교육기관에 해당하는 곳을 'Grinds School'이라 부르며, 이곳에서는 고교 졸업시험(Leaving Certificate) 점수를 높이기 위해 고교과정(Senior cycle) 1~2년차 과정을 반복해서 가르친다. 가장 유명한 곳은 아일랜드의 수도 더블린에 위치한 'Institute of Education'이다. 주로 의대를 목표로 하는 일부 상위권 학생들이 시험점수를 올리기 위해 이 학원에서 수강한다. 유럽에서는 보기 드문 현상이긴 하지만 그래도 사회 문제가 될 만큼 많은 학생이 학원을 선호하지는 않는다.

　그런데 아일랜드에서는 왜 교육열이 높을까?

　왜 대학진학을 희망하냐는 물음에 많은 아일랜드 학부모와 학생들은 이구동성으로 더 나은 직업을 갖기 위해서이며, 대학에 가면 좋은 직업에

대한 기회가 더 많아지기 때문이라고 했다.

이들의 대답에는 여러 가지 요인들이 있을 수 있는데, 가장 큰 요인은 아일랜드의 산업이 현재 다양하게 발달하고 있지 못해서이다. 아일랜드에서는 의대, 약대 등 몇 개의 전문직에 대한 선호도가 매우 높으며, 이들 직업은 아직까지 이 사회에서 다른 직업들에 비해 보수와 진입장벽이 높다. 이에 이와 관련된 상급학교에 진학하려는 학생들이 많은 것이다.

이처럼 아일랜드의 역사적, 사회적, 교육적 환경은 우리나라와 매우 유사하고 이것들이 바뀌기는 현실적으로 쉽지 않다. 이에 아일랜드 교육관계자들은 이러한 팍팍한 교육 현실에서 아이들에게 조금이나마 숨통을 틔워주기 위해 많은 고민을 하였고, 그 결과 그들이 찾은 방법이 바로 '전환학년제'였다.

　같은 유럽이지만 독일의 경우는 매우 다르다. 독일에는 다양한 분야의 건실한 강소기업들이 많이 있고, 강소기업에서 일하는 고졸 전문기술 인력들의 경우, 대학이나 대학원을 졸업한 이들과 보수 차이가 크게 없다. 그렇기 때문에 굳이 공부에 뜻이 없다면 진학 대신 취업을 선택한다. 또 대학이 아니라도 적성에 따라 선택할 수 있는 훌륭한 상위교육기관들이 많이 있다. 따라서 학부모들도 소수 직업에 대한 적극적으로 선호 없이 자녀들이 재능과 적성에 따라 다양한 직업을 선택히고 교육받는 것에 대해 적극적으로 지지한다.

　아일랜드에서도 산업 및 기업의 종류가 다양해지고 다양한 분야에서 성공한 롤모델들이 많이 나온다면 진학 대신 일찌감치 취업으로 방향을 돌리는 훌륭한 인재들이 많아질 것이다. 그리고 사회 전반의 인식이 변화하게 되면, 학부모들 역시 시간과 경제적으로 부담이 되는 대학진학 대신 취업을 자녀들에게 권유하지 않을까. 지나친 교육열은 사회에 대한 불안의 또 다른 표현이기에……

"
아일랜드의 역사적, 사회적, 교육적 환경은 우리나라와 매우 유사하고 이것들이 바뀌기는 현실적으로 쉽지 않다. 이에 아일랜드 교육관계자들은 이러한 팍팍한 교육 현실에서 아이들에게 조금이나마 숨통을 틔워주기 위해 많은 고민을 하였고, 그 결과 그들이 찾은 방법이 바로 '전환학년제'였다.
"

Part 2

아일랜드의
전환학년제

교실이 달라지고 있다

1. 전환학년제란 무엇인가

2. 왜, 전환학년제가 필요한가

3. 누가 전환학년제 프로그램을 만드나

4. 전환학년제 기간 동안 적성검사는 시행하나

5. 전환학년제로 학습능력이 떨어지지 않나

6. 전환학년제 기간 학생들은 어떻게 평가되나

교실이 달라지고 있다

더블린 시내에서 'Luhas'라는 전차를 타고 약 15분 정도 가면 'Balary'라는 지역이 나온다. 우리나라로 치면 분당, 판교와 같은 주거 위주의 조용하고 깨끗한 신도시이다. 또 이곳은 전환학년제에 대해 알아보고자 필자가 방문할 웨슬리 컬리지(Wesley College)가 위치해 있는 곳이기도 하다.

웨슬리 컬리지(College는 아일랜드 6년 과정의 중등교육기관인 중·고교를 일컬음.)는 1845년 더블린에 설립된 남녀공학학교로 감리교재단의 사립학교이다. 설립 초기에는 남학교로 운영되다가 남녀공학으로 바뀌었으며, 현재의 위치로 이전하여 약 80여 명의 교사와 총 880명의 학생들이 재학 중이다.

웨슬리 컬리지에서는 모든 학생이 중학교 과정과 고등학교 과정 사이인 4년차에 전환학년제[**Transition Year**—이하 **TY**]를 필수적으로 이수한다.

학교는 이 TY 프로그램들을 위해 매년 학부모들과의 공식·비공식 간담회를 가지며 소통에 많은 노력을 기울이고 있다. 교사와 학부모로 구성된 '교사·학부모 협의회' 역시 학교에서 교사·학부모 간 소통에 큰 역할을 하고 있다.

많은 교육 주체들이 있지만 아일랜드에서 TY를 운영하고 진행하는 데 가장 큰 역할을 하는 것은 무엇보다도 학교이다. 그래서 많은 활동 중에 1년간의 TY를 이루는 주된 수업은, 학교에서 운영되는 교내 프로그램이다. 학교는 1년간의 TY 교육과정을 설계하고 진행하며, 학생들을 평가한다. 또 학생들이 다양한 활동을 할 수 있도록 계획을 세우는 것을 도와주는 역할을 한다. 교사들이 머리를 맞대고 만들어낸 창의적인 교육과정들은 학생들이 성공적으로 전환학년을 보내는 데 가장 큰 역할을 하고 있다.

Wesley College 학교 전경

웨슬리 컬리지 학교 TY 담당 교사와 TY 프로그램을 경험하고 있는 학생들에게 TY 제도에 대한 그들의 진솔한 이야기를 듣고, 또 실제로 어떻게 TY가 진행되는지 알아보고자 학교를 방문했다.

학교에 도착하니 그곳에서 여러 해 동안 TY 코디네이터를 맡고 계신 Mr. Derek Shaw 선생님이 반갑게 맞아주었다. 시원시원한 목소리와 환한 미소의 Shaw 선생

교사 휴게실 및 학교 곳곳에 TY 전체 스케줄표 및 관련 공지문들이 하나 가득 붙어있는 것이 눈에 띈다.

님은 먼저 교사 휴게실로 안내하셨는데 이곳은 교사들이 쉬는 시간에 잠시 쉬면서 수업내용들을 나누는 곳이다. 들어서자마자 TY 전체 스케줄표 및 관련 공지문들이 중앙 벽면에 하나 가득 붙어있는 것이 눈에 띄었다. 자리를 잡고 Shaw 선생님과 이 학교에서의 TY 운영방법 및 경험과 생각 등에 대해 이야기를 나누었다.

Shaw 선생님은 2007년도에 교육부가 주최하는 교육 세미나에 초청을 받아 한국을 방문한 경험이 있다고 한다. 그 때 아일랜드의 전환학년제에 대해 이야기를 하였고 한국 교육관계자들이 이를 참고하였다고 한다. 2016년부터 '자유학기제'를 우리나라에서 전면적으로 시행하게 되었다고 하니 TY에 대한 선생님의 철학을 포함해 정말 많은 이야기를 해주었다. 또 TY 수업을 참관하면 TY를 이해하는 데 많은 도움이 될 것이라며, 학교에서 진행하는 수업에 참여할 수 있게 도움을 주었다.

1. 전환학년제란 무엇인가

Q TY에 대해 잘 알 수 있게 학교에서 진행하는 TY 프로그램에 초청해 주셔서 감사드립니다. 한국에서는 '자유학기제'라는 제도를 통해 학생들이 1학기 동안 시험 부담에서 벗어나 다양한 체험활동이 가능하도록 하는 제도를 시행할 예정입니다. 2014년 연구학교를 중심으로 시범 운영 후, 2016년 전면적으로 중학교 1학년에서 시행될 예정인데, 이 제도를 처음 도입할 당시 아일랜드의 전환학년제를 참고했다고 합니다. 아일랜드에서 진행하는 전환학년제란 무엇인가요?

한국에서 아일랜드의 전환학년제와 비슷한 제도를 도입한다니 반갑네요. 전환학년제는 아일랜드의 15~16세 학생들을 대상으로 1년간 이루어지는 프로그램으로 아일랜드에 도입된 지 약 40년이 되었습니다. 전환학년제 프로그램은 교내외에서 주로 체험에 의한 학습이 1년 동안 이루어집니다. 좋은 프로그램을 가지고 있는 학교에서는 약 80% 이상의 학생이, 그렇지 않은 학교에서는 50% 정도의 학생들이 참여하고 있습니다. 학교 간 편차가 큰 편입니다. 한국에서는 한 학기 동안 이 제도를 진행할 예정이라고 했는데, 이는 매우 좋은 생각인 것 같습니다.

Q 학생들은 전환학년 기간 동안 어떤 경험들을 하나요?

전환학년 기간 동안 학생들은 다양한 교수법을 통한 필수 교과공부와 체험활동들을 경험하게 됩니다. 예를 들어, 프로젝트 수업, 모의창업(미니 컴퍼니), 영화창작, 미니가구 제작, 스포츠활동, 과학 및 패션경연대회 등 교내외활동들을 하면서 자기주도적으로 학습을 하고, 진로 및 진학에 대해 생각해 보는 기회를 갖습니다.

Q 한국에서는 중학교 1학년 시기에 자유학기제를 시작하려고 합니다. 그 시기에 대해 어떻게 생각하는지요?

만약, 한국에서 자유학기제를 13세에 진행을 한다면 그 체험활동의 효과는 15세의 학생들과는 조금 다를 수 있을 것 같습니다. 그렇지만 다양한 경험들을 통해 자신의 진로를 탐색하는 데 도움이 될 수 있을 것 같네요. 또 초등학교에서 학업량이 많아지는 중학교로 가는 과도기 시점에 학생들이 자유학기제를 경험한다면, 그 기간은 상위학교 공부방법 및 수업방식에 적응할 수 있는 기간이 될 수 있지 않을까요? 중학교에서 상급학교 진학을 위한 선택과목을 정한다면 그것을 정하는 데 도움이 될 수도 있겠군요.

한국의 자유학기제

자유학기제란?

중학교 교육과정 중 한 학기 동안 학생들이 중간, 기말고사 등 시험부담에서 벗어나 꿈과 끼를 찾을 수 있도록 수업 운영을 토론, 실습 등 학생 참여형으로 개선하고, 진로탐색 활동 등 다양한 체험활동이 가능하도록 교육과정을 유연하게 운영하는 제도이다.

2013년 9월부터 전국에서 42개 학교가 연구학교로 지정되어 운영되었고, 2014년 전국 600개 연구학교로 확대하여 운영한 후 2016년 3월부터 전체 중학교에서 실시예정이다. 〈출처 : 교육부 보도자료. 2013. 5.〉

2. 왜, 전환학년제가 필요한가

Q 아일랜드에서는 왜 TY를 시행하게 되었나요?

아일랜드의 경우 1970년대 초반에 이 제도가 시작되었습니다. 우리 학교가 최초로 이 제도를 받아들인 학교들 중 하나인데요. 학생들이 학창 시절 1년을 시험에서 해방되어 자신에게 몰두할 수 있게 하기 위해서였습니다.

아일랜드에서 전환학년제가 시작된 것은 약 40년 전부터입니다. 아일랜드 정부가 교육예산 부족으로 학교 프로그램을 많이 줄였고 교육과정을 주니어 사이클, 시니어 사이클 두 과정으로 나누면서 각각 졸업시험을 보도록 했습니다. 그러나 어린 학생들이 쉴 틈 없이 너무 시험 위주의 공부만 하는 데에 대한 우려와 부작용이 생겼지요. 이에 전환학년제를 두어 1년 동안 학생들이 자신들의 앞으로의 직업·진로, 인생에 대해 배우고 생각해 볼 시간을 주자는 취지에서 시작되었지요.

Q 전환학년제 필요성에 대한 아일랜드인들의 의견이 궁금합니다. 아일랜드에서는 이 제도가 꼭 필요하다고 생각하는지요?

예, 여기서는 대부분 전환학년제가 필요하다고 생각합니다. 15세의 어린 학생들이 여러 가지 체험 없이 시험준비를 위한 수업만 한다면 자신이 무엇을 좋아하는지 잘 알 수 없고, 또 자신의 진로에 대해 생각해 볼 기회가 없습니다. 물론 아일랜드에서도 이 제도에 대한 찬반논란이 있었고 지금도 없진 않지만, 많은 사람이 학생들에게 꼭 필요한 제도라고 생각하고 있습니다.

현재 아일랜드에서는 대학입학 준비를 위해 모든 수업이 너무 빠르게 진행되고 있습니다. 전환학년제와 같은 이런 기회가 없다면 학생들은 자신이 무엇을 좋아하는지를 알기 위해, 보고, 듣고 생각할 시간이 부족하겠지요. 물론 공부 열심히 해서 좋은 점수를 얻어 대학에 진학하는 것도 중요합니다. 하지만 앞으로 살아가는 데 있어서 성적 외의 다른 중요한 능력들이 필요하다고 생각합니다.

예를 들어, 의사소통 능력, 협동심, 리더십, 인성 등은 교실에 앉아서 수업을 수동적으로 듣는 것보다, 여러 가지 프로젝트를 경험해 봄으로써 효과적으로 기를 수 있습니다. 한국의 경우에도 학교수업에 대한 부담이 크다고 들었는데 이런 제도를 통해 학생들이 자신이 무엇을 원하는지 생각해 볼 기회가 될 수 있었으면 좋겠습니다.

"
어린 학생들이 쉴 틈 없이 너무 시험 위주의 공부만 하는 데에 대한 부작용이 생겨 전환학년제를 두어 학생들이 자신들의 앞으로의 직업, 인생에 대해 배우고 생각해 볼 시간을 주자는 취지에서 시작되었지요.
"

한국의 자유학기제

자유학기제 필요성에 대한 설문조사 결과

교육부가 2013년도 자유학기제 연구학교 42개 중학교 학생·교원·학부모 등 1만 5천여 명을 대상으로 한 '학교생활변화 인식조사'에서 학생들은 '수업시간에 다양한 체험활동이 이루어졌다.', '수업시간이 재미있었다.', '학교생활을 통해 여러 가지 진로를 탐색할 수 있었다.' 등 자유학기제를 대체로 긍정적으로 평가하는 것으로 나타났다. 〈출처 : 교육부〉

3. 누가 전환학년제 프로그램을 만드나

Q 누가 TY 프로그램을 설계하나요?

교내에 TY Core 팀이 있어서 다 같이 설계합니다. TY Core 팀의 경우 각 6개 반의 담임교사들, TY 코디네이터, 학년부장으로 구성됩니다. 기본적으로 다양한 과목들의 교사들로 구성되어 있습니다. 프로그램을 만드는 과정에서 각 과목의 교사들은 이 기간 동안 학생들에게 무엇을 가르칠지에 대해 치열하게 토론합니다.

TY 코디네이터는 TY를 위한 전체 커리큘럼을 종합하여 조율합니다. 예를 들어, 수학과목 담당교사가 커리큘럼을 일차적으로 짜 TY 코디네이터에게 전달하면, TY 코디네이터는 과학과목의 교사가 전달해 준 내용을 보고 그 내용 중에 수학과 과학 과목에 중복되는 내용이 없는지 확인하고 조율(Coordinate)합니다.

Q TY 코디네이터의 역할에 대해 조금 더 자세히 설명해 주실 수 있나요?

TY 코디네이터의 역할은 학교마다 조금씩 차이가 있는데, 우리 학교의 경우 경험이 많은 교사 중에 TY 코디네이터를 선임해서 TY 과정을 이끌어 가도록 하게 합니다. 교사, 학생들과 지속적으로 프로그램에 대해 이야기하고, 이러한 소통을 바탕으로 각 교사들이 계획하고 진행하는 것을 종합하여 전체적으로 조율하는 것이지요. 제가 그 역할을 하고 있는데, 제 역할은 TY 프로그램이 잘 진행되는지를 보고, 교사 및 학생, 학부모들의 피드백을 받아 평가한 후 내년 프로그램에 이를 반영합니다. 예를 들어, 학생들이 "이 수업은 별로 도움이 되지 않았다.", "너무 불필요

한 과제가 많았다."라고 하면 내년 수업에서는 이를 시정하
게 되는 것이지요. (교사활용 자료 p.218 참조)

학교에 따라, 어떤 학교에서는 TY 코디네이터가 TY 관련
모든 활동을 진행하는 경우도 있습니다. 예를 들어, 외부로
체험활동을 간다고 하면 비용을 포함해서 모든 계획을 세우
고 인솔해 나가는 등 관련된 모든 것들을 합니다.

하지만 우리 학교에서는 그렇지 않습니다. 각 과목에 해
당하는 외부체험활동은 그 과목교사의 주도하에 진행됩니
다. 예를 들어, 학생들이 과학 관련 외부체험활동으로 'Gravity' 영화 관
람을 했다면 그것은 과학과목 교사들이 기획해서 진행한 것이지요. 체육
관련 외부활동의 경우, 아웃도어 캠핑을 간다고 하면 그것은 체력 훈련에
해당되기 때문에 체육교사가 기획하고 진행하는 등, TY 기간 동안 각 교
과 과목교사들이 책임감과 오너십을 가지고 진행할 수 있도록 합니다.

코디네이터가 시간 안배 등 전체적인 것을 조율하지만 세부계획 및
활동의 경우 해당 과목교사들이 책임지고 진행하도록 합니다. 또한, 다
음 해 교육과정을 계획할 때 그 활동에 대한 학생들의 피드백을 받아 교
사들이 그것을 반영하도록 합니다. 해당 활동에 대한 학생들의 피드백이
좋았을 경우, 해당 과목 교사가 보람을 느낄 수 있고 또 그것이 수업에
활용되도록 하는 것이지요.

각 세대 간 교사들 간의 공감대
와 소통이 원활히 이루어져 Top
Down 소통방식이 아닌 Bottom
Up 소통으로 인해 학교 전체 교
사들이 관심을 가지고 적극적으
로 참여하게 한다면 보다 다양하
고 창의적인 교과과정이 개발되
고 시행될 수 있을 것이다.

[우리나라 자유학기제 연구학교들의 운영 조직도]

조직도 첨부(잠실중 예)

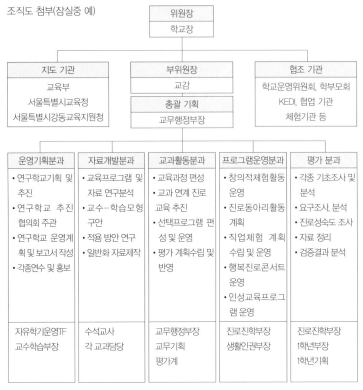

〈출처 : 2013 자유학기제 연구학교 운영 결과보고서. 서울시 교육청〉

위의 운영 조직도를 보면 학교장을 위원장으로 하여 교무부장 또는 연구부장 교사들이 총괄기획을 맡아 자유학기제 조율자의 역할을 하고 있다. 이는 연륜과 경험이 있는 조율자를 둠으로써 리더십을 발휘하여 운영이 원활하게 되도록 하고자 함이다. 또 각 분과를 나누어 운영기획, 자료개발, 교과활동, 프로그램운영, 평가 등에 각각 책임자들을 두어 각 분야의 진행과 기획이 체계적으로 이루어지도록 하고 있다. 이런 구조하에서 교사들 간의 공감대와 소통이 원활히 이루어져 Top Down 소통방식이 아닌 Bottom Up 소통으로 인해 학교 전체 교사들이 관심을 가지고 적극적으로 참여하게 한다면, 보다 다양하고 창의적인 교과과정이 개발되고 시행될 수 있을 것이다.

4. 전환학년제 기간 동안 적성검사는 시행하나

Q 적성검사도 시행하나요?

예, TY 기간에 1회 시행하고 있습니다. 올해 양식이 바뀌어서 새로운 양식을 검토하고 있는데 다음 주에 실시할 예정입니다. 적성검사 결과는 시니어 사이클(고교과정)에서 배울 선택과목 결정 및 대학입학 시 학과선택 등에 참고자료로 활용합니다.

Q TY 기간에 적성검사를 시행하는 이유는 무엇인가요?

학생과 교사들은 적성검사 및 직업선호도 조사 등을 참고자료로 사용합니다. 학생들의 직업선호도 조사는 'EirQuest Interest Profile'라는 것을 보고 있고, 적성검사의 경우 'Cambridge Profile Aptitude Tests' 적성검사를 활용합니다. 여기에서 나타나는 직업선호도 및 학생의 강점들을 참고하여 선택과목들을 결정하도록 하지요.

그런데 중등학교 입학 첫해에는 이러한 검사들을 시행하지 않습니다. 그 이유는 학생들이 검사 결과에 따라 자기 자신에 대해 미리 선입견을 갖지 않고 넓게 다양한 과목에 대해 생각해 볼 수 있게 하기 위해서입니다.

참고로 아일랜드에서는 우열반을 나누지 않고 있는데 학생들을 고루 배치하기 위해 첫 입학연도에 배치고사를 봅니다. 상위 10%를 고루 배치하고, 그 아래 20%를 고루 배치하는 등의 순서로 합니다.

입학 첫해에는 적성검사를 시행하지 않습니다. 그 이유는 학생들이 그 결과에 따라 자기 자신에 대해 미리 선입견을 갖지 않고 넓게 다양한 과목에 대해 생각해 볼 수 있게 하기 위해서입니다.

Q 적성검사는 어떤 효과가 있다고 생각하나요?

제 경험에 의하면 적성검사는 학생들의 적성 및 강점을 파악하는 데 좋은 지표가 됩니다.

예를 들면, 실제 언어적 감각이 있는 학생이 더 나은 보수 때문에 공학 쪽으로 진로를 생각하고 있을 때 교사는 좀 더 넓게 보도록 조언을 해줍니다. 이는 적성검사에 따라 직업을 선택하라는 뜻이 아니라 학생이 보다 넓고 다양하게 자신의 진로에 대해 생각할 수 있도록 하기 위해서이지요.

잠깐만!

Cambridge Profile Aptitude Tests 적성검사 25년 동안 영국 3000여 곳의 학교와 전 세계 50여 개 나라 학생들의 진로 탐색과 적성 검사를 지원하고 있는 Cambridge Occupational Analysts(COA)가 고안해낸 검사법이다. 14~18세까지의 학생들을 대상으로 언어추리, 수리추론, 요약추리 능력, 공간 추론, 연산능력, 신속성, 정확성, 철자암기 능력 등 8가지 영역에 대한 개인의 강점들을 분석하여 알려준다.

EirQuest Interest Profile EirQuest는 고교 졸업시험인 Leaving Certificate를 치르는 아일랜드 학생들을 위해 고안된 진로 가이드 프로그램이다. 이것은 학교 및 대학 진로과목들과 연계되어 학생들의 관심 및 선호도를 알아보는 질문들로 구성되어 있다. EirQuest는 40개의 큰 직업군을 기반으로 선호도 프로파일을 만들고 이에 따른 학생들의 개별 특성을 분석한다. 개별적으로 학생이 관심 있는 진로 분야에 대한 주요 정보를 제공하며 고교 졸업시험(Leaving Certificate)을 위한 선택과목 선택 시 참고 자료로 사용된다.
[www.coa.co.kr]

자유학기제 연구학교에서의 적성검사

자신에게 알맞은 진로를 선택하기 위해서는 자신의 흥미, 적성, 가치관 등을 파악할 수 있어야 한다. 이는 다양한 검사를 통해 탐색할 수 있는데 그중 가장 많이 사용하는 방법이 '홀랜드 흥미검사, MBTI 검사'이다. 이는 적성검사에서 사용되는 방법 중 가장 간단하고 기초적인 검사로써 학생 개인의 흥미유형을 측정하고 성격의 유형을 분석한다. 이러한 검사들은 자신에 대한 이해력을 높여 진로활동에 적극적으로 활용된다.

5. 전환학년제로 학습능력이 떨어지지 않나

Q 한국의 경우, 자유학기제 기간 동안 시험을 보지 않고 성적이 아닌 체험 위주의 활동으로 인해, 자칫 학생들의 학업능력을 저해시킬 수 있다는 우려가 있습니다. 아일랜드는 어떠한지요? 어떻게 이런 우려를 불식시킬 수 있을까요?

아일랜드에서는 오랜 기간 경험을 통해 TY가 학업능력을 향상시키는 데 긍정적인 효과가 있다고 확신합니다.

연구조사 결과도 있는데, TY를 경험한 15~16세 학생이 그렇지 않은 학생보다 더 학업능력이 우수하다는 결과가 있습니다. 또한, 이 조사에서 TY를 경험한 학생들이 대학에 진학하여 자신들이 무엇을 전공하는지에 대해 더 잘 알고, 선택한 학과에 더 잘 적응하는 긍정적인 효과를 갖는다는 결론을 내렸습니다.

- 2004년 'The Economics and Social Research Institute'에서 발간한 Transition Year-Assessment, Smyth and Hannon(2004) 연구서는 TY를 경험한 학생들이 Leaving Certificate 시험에서 그렇지 않은 학생들보다 더 높은 점수를 받았다고 보고했다.

- 1999년 NCCA(National Council for Curriculum & Assessment - 아일랜드 교육과정평가원)에서 시행한 종단(장기간 변화과정을 추적 조사한) 연구결과에서 TY program을 이수한 학생들이 보다 교육적으로 새로운 것을 추구하고, 새로운 과목들을 선택하는 등, 도전정신이 강했고 성적도 하위권에서 평균치로, 또 평균치에서 상위권으로 올라가는 성향을 보였다고 분석했다.

학생들은 TY 기간 동안 다양한 직업체험의 경험을 갖게 되어 실제 직업 현장에서 이루어지는 일들을 알 수 있으며, 또 대학진학을 위한 고교 졸업시험 선택과목을 선택하는 데 있어서 자신이 어떤 과목에 가장 잘 맞는지 확인할 수 있는 기회를 갖습니다.

TY를 통해 경험하고 선택한 과목들의 시험점수는 그렇지 않은 경우보다 높게 나오고 있습니다. TY 기간이 동기부여를 시키고 학업능력을 향상시키는 결과를 가져오는 것이지요.

TY 기간 동안에는 학생들이 여러 가지 교습방식을 통하여 배우는데 영어를 음악으로 배운다든지, 수학을 실험으로 배우는 등 다양한 교수법을 통해 배웁니다. 사람들마다 다른 적성들이 있듯이 학생들마다 가장 효과적으로 배우는 방식이 있겠지요. 만약 어떤 학생이 수학 또는 언어를 잘한다면, 그 학생은 해당과목들을 대학입학 시험과목으로 선택하고, 해당학과에 진학해 관련 직종에서 일할 수 있습니다. TY 기간 동안 다양한 다른 과목을 공부해 볼 수 있는 기회를 갖고 이를 통해 적성에 맞는 과목을 선택하여 공부한다면, 오히려 그렇지 않을 때보다 더 성적을 높일 수 있습니다. 물론 어떤 학생들의 경우에는 TY로 인해 학업능력이 저하되었다고 생각할 수도 있습니다. 그러나 저의 경험에 비추어보면 대부분의 학생들이 그렇지 않다고 자신합니다. 왜냐하면 학생들이 진심으로 좋아하는 것을 한다면 그것이 공부 부담으로 다가오지는 않을 것이기 때문이지요.

만약 어떤 학생이 '미니 컴퍼니' 같은 비즈니스 분야의 수업을 선택했다면, 그 학생은 한 달 이상을 어떻게 이 비즈니스를 잘 운영할지를 고민하게 됩니다. 예를 들어, 어떻게 원가를 절감하여 이익을 창출해 낼지, 어떻게 광고를 할지, 어떻게 유통망을 찾을지, 어떻게 주가를 올릴지 등을 인터넷이나 여러 문헌 등을 통해 찾고 고민하게 되지요. 흥미로운 점은 학생들이 이러한 것들을 숙제나 공부라고 여기지 않는다는 것입니다.

그래서 학생들이 "우리는 책상에 앉아 시험 준비를 하지 않아요.", "우리는 숙제가 없어요.", "우리는 공부하지 않아요."라고 말합니다. 하지만 실은 이런 것들이 실제 엄청난 양의 공부인 셈입니다.

> TY를 경험한 15~16세 학생이 그렇지 않은 학생보다 더 학업능력이 우수하다는 결과가 있습니다. 또한, 이 조사에서 TY를 경험한 학생들이 대학에 진학하여 자신들이 무엇을 전공하는지에 대해 더 잘 알고 선택한 학과에 더 잘 적응하는 긍정적인 효과를 갖는다는 결론을 내렸습니다.

Q TY가 성적향상에 긍정적인 작용을 한다는 말인가요?

예, 그렇습니다. 모두가 TY 기간 동안 공부를 많이 하지 못한다고 생각할 수 있지만 이 기간에 이루어지는 공부량은 실제로 무척 많습니다. 이 기간은 강의를 수동적으로 듣기만 하고, 단순히 외부활동을 하고, 적은 양의 수업을 듣는 기간이 아닙니다. 오히려 적극적으로 자기 자신에게 도전하는 시간이지요. 이 기간 동안은 부담없이 새로운 주제를 탐구할 수 있고, 시행착오를 겪어 보고 여러 가지를 체험하고 도전해 볼 수 있는 시간입니다.

연구 과제를 계획하고 실천하는 것은 온전히 학생들의 몫입니다. 주니어 사이클(중학교 과정) 3년 동안에는 이러한 수업계획과 실행 준비, 숙제 등을 학교에서 전달해 주지만, TY 기간에는 자신에게 주어진 자유시간 동안 다가올 시니어 사이클에 대해 계획도 세워보고 실천방안도 생각해 보는 기회를 갖습니다. 이 기간이 시간낭비라는 의견들도 없지는 않지만 제 경험에 비추어 보면 이 기간은 학생들이 많이 성장할 수 있는 기회라고 생각합니다.

한국의 자유학기제

진로발달검사를 통한 자유학기제 운영 성과

자유학기제 연구학교인 수서중학교에서는 학생들 105명을 대상으로 제도 경험 이후 진로발달 정도를 측정하는 사전, 사후 검사(한국가이던스 진로발달검사)를 시행하였다. 그 결과 전반적인 진로발달 정도를 알아보는 진로성숙도가 향상하였고, 구체적으로는 '진로지향성'과 '자긍심', '직업에 대한 이해'와, '자기이해' 등이 향상되었다.

이는 학생들이 자유학기제를 통해 일상의 활동과 학습과정에서 진로와 관련지어 생각해 보고 미래를 계획하는 구체적인 인식을 하게 되었음을 의미하며, 다양한 직업의 이해와 자기이해가 향상된 것은 자유학기제 본질의 목표와 부합되는 것이다.

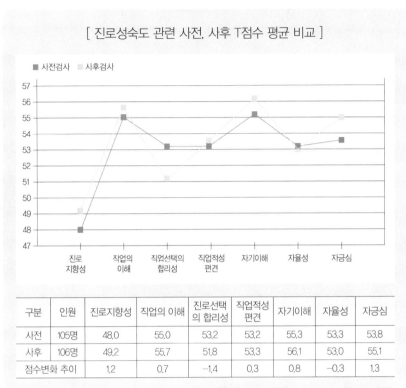

[진로성숙도 관련 사전, 사후 T점수 평균 비교]

■ 사전검사   ■ 사후검사

구분	인원	진로지향성	직업의 이해	진로선택의 합리성	직업적성 편견	자기이해	자율성	자긍심
사전	105명	48.0	55.0	53.2	53.2	55.3	53.3	53.8
사후	106명	49.2	55.7	51.8	53.3	56.1	53.0	55.1
점수변화 추이		1.2	0.7	−1.4	0.3	0.8	−0.3	1.3

〈출처 : 자유학기제 연구학교 운영결과 보고서, 서울시 교육청〉

교육부 제공 설문지를 통한 자유학기제 운영 성과

교육부에서는 자유학기제 연구학교 학생 및 학부모들을 대상으로 자유학기제에 대한 설문조사 결과 77%의 학생이 만족하였고, 69%의 학부모들이 만족하는 것으로 대답하여, 우려하였던 것과는 달리 자유학기제의 운영 성과가 긍정적인 것으로 나타났다.

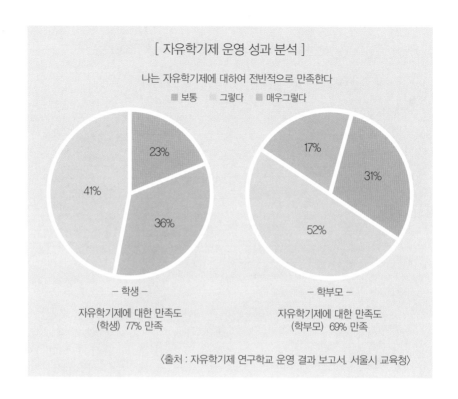

[자유학기제 운영 성과 분석]

나는 자유학기제에 대하여 전반적으로 만족한다

■ 보통　■ 그렇다　■ 매우그렇다

23%

41%

36%

17%

31%

52%

— 학생 —

자유학기제에 대한 만족도
(학생) 77% 만족

— 학부모 —

자유학기제에 대한 만족도
(학부모) 69% 만족

〈출처 : 자유학기제 연구학교 운영 결과 보고서. 서울시 교육청〉

6. 전환학년제 기간 학생들은 어떻게 평가되나

Q TY 기간 동안 어떻게 학생들을 평가하는지요?

　평가는 다양한 방식으로 진행됩니다. 왜냐하면 TY에서의 평가는 다른 기간의 성적평가와는 다르기 때문입니다. 오히려 어떤 면에서는 학업성적을 평가하는 것이 더 쉬울 수 있습니다.

　수시로 평가하는 데 쓰이는 평가자료로는 학생들이 평상시 작성하는 TY 다이어리가 있습니다.

교사 평가뿐만 아니라 학생 스스로도 자신을 평가하도록 하는데, 이는 학생들에게 매우 중요한 부분입니다. TY 기간 동안에 스스로 어떤 도전을 했는지, 무엇을 성취했는지에 대해 평가하게 합니다. 자신이 얼마나 주도적으로 한 해를 설계하고 성공적으로 이를 진행했는지 스스로 평가함으로써 앞으로의 계획과 진로에 대해 다시 한 번 생각할 수 있도록 하지요. 그리고 학생들에게 TY 코디네이터 평가, 교사들에 대한 평가, 해당 과목들의 평가 및 피드백을 달라고 요청합니다. 직업체험을 하고 난 후에는 고용주가 해주는 평가도 있고(p.225 참조), 5분짜리 프레젠테이션이나 동영상을 만들어 발표하기도 하는데 이러한 것들을 교사와 학생이 함께 공동평가하게 됩니다. 이러한 공동평가는 적어도 TY 기간 중 2회 이상 진행합니다.(교사 활용 자료 TY 평가표 p.214~p.222 참조)

Q 평가항목이나 평가지표는 어떻게 되나요?

평가항목 중에는 새로운 것을 얼마나 많이 시도해 보았는지, 어떻게 다른 사람들과 잘 협동했는지, 얼마나 잘 소통하고 교류했는지, 얼마나 독립적으로 수행했는지, 얼마나 성실히 자신의 활동들을 기록해 보았는지에 대한 항목 등, 총체적인 평가가 이루어집니다.

평가지표는 Merit(100%~90%) / Pass(90~60%) / Fail(50% 이하) 단계로 매겨집니다. 학교마다 다르긴 하지만 우리 학교철학은 되도록 TY 기간 동안에는 점수를 후하게 주려고 노력합니다. TY 기간 이수 후, 3개의 이수증을 받을 수 있습니다. TY 기간 동안 이수한 모든 필수 과목에 대한 학업성적 관련 이수증, 선택과목 이수증, 외부체험 관련 이수증 등이 있습니다. 성적표도 각각 3가지가 나갑니다. 또 학교 교내대회 수상도 있습니다.

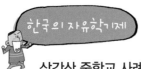

삼각산 중학교 사례

자유학기제 연구학교인 삼각산 중학교의 예를 살펴보자.

이 학교에서는 교과별 평가영역을 3~5단계로 하고, 평가영역별 2~5 개의 세부 성취기준을 두어 총 5단계로 평가한다.

예를 들면, 국어교과의 경우 말하기, 읽기, 쓰기, 문법, 문학 등의 5단계 평가영역을 두고, 각각의 영역에서 2~5개의 성취기준을 두어 1~5단계로 평가한다.

국어교과의 말하기영역을 살펴보면 '바르고 적극적인 자세'로 '귀 기울여 듣고 말하며', '고운 말, 바른 말을 사용하는 태도'의 세부 성취기준을 두어 1~5단계로 평가하고 있다.

평가는 수시평가로 하고, 방법은 형성평가, 발표, 서술 및 논술형 포트폴리오 등 평가 영역에 맞게 다양하게 실시한다.

학교에서는 학생들의 학력저하를 막기 위해 단원별 수시평가를 실시하고, 학습 결손이 있는 경우, 이를 보완해 주는 방향으로 평가가 이루어져야 한다고 한다. 자기성찰평가, 형성평가, 발표, 조사평가 등 다양한 평가를 내실 있게 실시하여 학생들의 다양한 능력을 보다 정교하게 평가할 수 있는 평가방안의 필요성을 제시했다.

자유학기제 연구학교 학생들의 경우, 수시로 평가를 받는 자유학기제가 오히려 그렇지 않은 경우보다 수시평가로 인해 학력이 높아진다는 의견이다. 〈출처 : 자유학기제 연구학교 운영결과보고서. 서울시 교육청〉

"

자유학기제 연구학교 학생들의 경우, 수시로 평가를 받는 자유학기제가 오히려 그렇지 않은 경우보다 수시평가로 인해 학력이 높아진다는 의견이다.

"

「아일랜드 학생들이 TY를 통해 얻을 수 있는 것들」

• 여러 가지 다양한 역량 및 기술을 배울 수 있다.

• 내 자신이 무엇을 잘하는지 알아볼 수 있다.

• 직업체험을 통해 다양한 직업세계에 대해 알 수 있다.

• 주니어 사이클(중학교 과정)에서 미진했던 과목을 보충할 수 있다.

• 학교 밖에서 직업과 진로에 대해 알아볼 수 있다

• 컴퓨터와 정보기술에 대해 도전해 볼 수 있다

• 새로운 과목들을 탐색할 수 있다

• 고교 졸업시험(Leaving Certificate)에 대한 기초를 탄탄히 할 수 있다.

• 외부대회에 참여할 수 있다.

• 팀으로 활동하는 법에 대해 배울 수 있다.

• 구두로 소통하는 법을 연습하고 발달시킬 수 있다.

• 다른 지역 및 나라의 학생들과 교류할 수 있는 기회를 가질 수 있다.

• 필요한 역량들을 발달시킬 수 있다.

• 관련 직업종사자에게 직업경험에 대해 들을 수 있다

• 다양한 사람들과의 회의를 통해 여러 가지를 배울 수 있다.

• 자신이 가지고 있는 역량들을 발전시킬 수 있다.

• 관심 있는 주제에 대해 탐구할 수 있다.

• 고교 졸업시험 선택과목에 대한 정보를 얻을 수 있다

• 기한에 맞추어 연구물 등을 완성하는 경험을 할 수 있다

• 사회적, 정치적 이슈들에 대해 생각해 보고 의견을 제시할 수 있다.

- 대학을 방문하여 학과에 대한 정보를 얻을 수 있다.
- 다른 사람들과 관계를 맺는 능력을 향상시킬 수 있다.
- 자기주도적 학습 방법을 배울 수 있다.
- 스스로 계획을 수립하고 진행하는 법을 배울 수 있다.
- 자신에 대한 이해와 자신감을 기를 수 있다.

- 교사와의 관계를 발전시킬 수 있다.
- 리더십, 협동심, 문제해결 능력 등을 기를 수 있다.
- 고교 졸업시험 준비에 대한 동기 부여가 될 수 있다.
- 이력서 및 자기소개서에 가치 있는 경험을 추가할 수 있다.
- 보다 성숙한 인격체로 성장할 수 있다.

전환학년제 운영방법

학생이 중심이 되는 수업

전환학년제 운영방법
학생이 중심이 되는 수업

웨슬리 컬리지에서 전환학년제(TY) 수업이 이루어지는 교실을 참관했다. TY 수업이 실제로 진행되고 있는 교실에서는 'Music Technology' 수업이 진행되고 있었다. 컴퓨터, 신디사이저 등 각종 전자악기가 비치된 교실에서 학생들은 교사와 함께 비디오를 보면서 효과음이 어떻게 만들어지고 사용되는지를 배우고 있다.

교사 : 이 비디오 클립의 도입부에 어떤 음향이 사용되면 좋을까?

학생 : 엘리베이터 소리와 그곳으로 걸어가는 발자국 소리요.

교사 : 그것도 좋은 효과음이 될 것 같구나. 또 사람들의 이야기 소리를 추가하는 것은 어떨까? 내가 웹사이트를 하나 소개해 줄 텐데 이 사이트는 이런 효과음들을 참고할 수 있는 공용 사이트야. 많은 샘플이 탑재되어 있는데 누구든 이 샘플들을 활용할

수 있단다. 이 사이트를 보면 엘리베이터와 관련한 다양한 효과음들이 있지? 우리가 고정관념으로 생각하는 효과음을 꼭 사용할 필요는 없어. 이 사운드를 들어보렴, 독특하지? 이렇게 사이트에서 다운로드한 후에 사용하면 돼. 한번 해보렴. 잘 안 되는 사람은 이야기하면 선생님이 가서 도와줄게.

교사 : 이 영상에서 엘리베이터로 가면 어떤 일이 벌어지지?
학생 : 엘리베이터가 멈춰요.
교사 : 그래, 그러면 어떤 사운드가 필요할까?
학생 : 멈추는 음향은 생각하기가 어렵네요.
교사 : 그래, 어렵지? 하지만 꼭 고정관념을 가지고 사운드를 찾으려 하지 말고, 한번 너희가 창의적으로 소리를 생각해 보고 만들어 보렴. 그런 음향들이 보다 더 인상적일 수 있어.
학생 : (소리를 들려주며) 이 소리는 어때요?
교사 : 정말 좋구나, 진짜 상황에 맞는 효과음이야. 자, 다른 학생들도 한번 만들어 보도록 하자.

교사는 이렇게 한 명, 한 명씩 학생들이 만든 효과음을 같이 들으며 지도해 주고 있었다. 수업을 하고 있는 조나단 선생님은 현재 아일랜드 내셔널 오케스트라에서 그의 곡을 연주할 정도로 유명한 현대 음악작곡가로, 학생들에게 실제 작곡하는 방법 및 관련 분야의 진로 등 여러 가지 정보를 전달해 주고 가르친다고 한다. 이 수업을 선택한 학생들은 평소에 영상과 음악에 관심이 많은 학생들로 관련 진로에 대해 좀 더 알기 위해 이 수업을 듣고 있다고 했다.

직접 수업을 참관해 보니, 자신의 꿈과 적성을 찾으려는 학생들과 이에 도움을 주려는 선생님들의 열정이 느껴져서 전환학년제의 실제를 잘 이해할 수 있게 되었다.

수업 참관 후 Shaw 선생님과 전환학년제 운영방법에 대해 이야기를 좀 더 나누었다.

1. 기본적인 운영방침

Q 전환학년제와 관련해서 교육부의 가이드라인이 있는지요, 또 학교는 반드시 교육부의 가이드라인을 따라야 하는지요?

예, 있습니다. 기본적인 가이드라인을 따르지만 세부사항은 학교에서 자율적으로 운영합니다.

TY 기간 동안 각 학교는 고교 졸업시험(Leaving Certificate) 과정 공부

Music Technology 수업– 컴퓨터, 신디사이저 등 각종 전자 악기가 비치된 교실에서 학생들은 교사와 함께 비디오를 보면서 효과음이 어떻게 사용되는지를 배우고 있다.

를 철저히 배제해야 합니다. 그것만 지켜지면 학교에서 자유롭게 교육과정을 짤 수 있습니다. 즉, TY 기간 동안 필수 과목들 예를 들어, 영어, 수학, 아일랜드어, 체육, 종교 등은 공부할 수 있지만, 고교 졸업시험(Leaving Certificate)을 위한 시험준비는 하지 않도록 하고 있습니다. 정부는 TY 기간 1년이 시험 준비를 위한 또 하나의 추가 학년이 되는 것을 막고 있는 것이지요.

[아일랜드 교육부 TY 가이드라인]

Transition Year Programmes
Guidelines for schools

AN ROINN OIDEACHAIS   DEPARTMENT OF EDUCATION

Introductory Note

Circulars M.31/93 and M.47/93 indicate that from the beginning of the school year 1994-'95, a Transition Year will be recognised as the first year of a three-year senior cycle.

These guidelines are a revision and updating of notes formerly issued to schools for the Transition Year. The main purpose of the 'defines is to facilitate the design of programmes by individual schools, especially those offering the programme for the first time from 1994-'95 onwards. The NCCA will keep the guidelines under review from 1995 onwards.

These guidelines do not envisage major change in the nature of Transition Year where it is currently demonstrating good practice.

A Transition Year offers pupils a broad educational experience with a view to the attainment of increased maturity, before proceeding to further study and/or vocational preparation. It provides a bridge to help pupils make the transition from a highly-structured environment to one where they will take greater responsibility for their own learning and decision making. Pupils will participate in learning strategies which are active and experiential and which help them to develop a range of transferable critical thinking and creative problem-solving skills. The Transition Year should also provide an opportunity for pupils to reflect on develop an awareness of the value of education and training in preparing them for the ever-changing demands of the adult world of work and relationships.

CURRICULUM GUIDELINES

Mission
To promote the personal, social, educational and vocational development of pupils and to prepare them for their role as autonomous, participative and responsible members of society.

Overall Aims
The following aims are interrelated and interdependent and should be strongly reflected in every Transition Year programme:

(1)   Education for maturity with the emphasis on personal development including social awareness and increased social competence.

(2)   The promotion of general, technical and academic skills with an emphasis on interdisciplinary and self-directed learning.

(3)   Education through experience of adult and working life as a basis for personal development and maturity.

The aims and philosophy of Transition Year should permeate the entire school.

〈출처 : Department of Education and Skills〉

2. 학교 전환학년제(TY) 프로그램

Q 학교에서 운영되는 교과과정이 궁금합니다. 학교에서 자체 TY 프로그램을 어떻게 디자인하는지요?

교육부의 기본적인 가이드라인에 따라 학교는 자신들만의 TY 프로그램을 디자인합니다. 교사는 기본적인 틀이 되는 교육부 가이드라인에서 기본 교육목표를 확인하고, 그 목표에 도달하기 위한 방법들을 고안합니다. 하지만 이것은 과목별로 자세히 되어 있는 것은 아니기 때문에 큰 틀 안에서 교사들이 커리큘럼을 고안합니다.

Q TY 프로그램을 만들 때 염두에 두는 사항이 있나요?

각 과목은 각각의 교육목표가 있습니다. 적어도 한 과목을 이수함으로써 3가지 이상의 역량을 기를 수 있도록 교육과정을 설계하지요. 예를 들어, 전환학년 학생들에게 인기가 많은 '미니 컴퍼니' 과목의 경우, 정보활용 능력(Information Processing), 실용적이고 창의적인 사고(Practical & Creative Thinking), 의사소통 능력(Communicating), 협동심(Working with others), 책임감(Responsibility) 등을 배울 수 있습니다.

이런 역량들은 학생들을 효과적인 배움의 자세로 이끌 수 있습니다. 이는 학업 능력을 향상시키는 데도 무관하지 않습니다. 만약, 학생이 교사와 소통을 잘 하지 못하고 문제를 이해하지 못한다면 학업성적에 문제가 있을 수 있지요. 다른 사람들과 같이 공부하는 것에 문제가 있다면 높은 학업점수를 올리기는 어려울 것입니다.

이러한 역량들을 TY 기간 동안 체험을 통해 자연스럽게 익히며, 또 이것이 학업성적을 향상시키는 데도 도움을 주는 선순환 작용을 하고 있습니다.

Q TY 프로그램을 만들 때 교사들에게 어느 정도의 재량권이 부여되나요?

저는 역사과목 교사인데 TY 기간 동안 어떤 파트의 역사도 교사가 자유롭게 선정하여 다룰 수 있습니다. TY 기간 동안에는 매년 다른 교육과정으로 학생들을 가르칠 수 있는 자유가 있지요.

예를 들어, 작년에는 미국 선거에 대해 가르쳤다면, 올해는 미국의 정치사에 대해 가르치는 등 자유롭게 디자인할 수 있습니다. 물론 TY 외의 기간에는 교육부의 가이드라인에 따른 교육과정을 가르쳐야 합니다.

TY는 교사들에게 여러 가지 교수법으로 가르칠 수 있는 기회를 줍니다. 만약 시험을 치러야 한다면 교과서를 바탕으로 공부를 시키고, 숙제도 내주고 시험 치를 준비를 시키지만 TY는 시험이 없는 대신 학생이 주도하는 체험 위주의 수업으로 팀 활동, 외부활동, 프로젝트 활동, 그룹 활동에서의 학생 참여와 성취를 목적으로 합니다.

"

TY 기간 동안에는 매년 다른 교육과정으로 학생들을 가르칠 수 있는 자유가 있지요. 예를 들어, 작년에는 미국 선거에 대해 가르쳤다면, 올해는 미국의 정치사에 대해 가르치는 등 자유롭게 디자인할 수 있습니다.

"

우리나라 역시 '자유학기제' 기간 동안 교과과정에 대한 교과부의 세부적인 지침은 없다. 교사들의 창의적인 아이디어가 프로그램의 핵심인데, 이는 교사들에게 있어서 기존의 틀에서 벗어나 교과과정에 구애받지 않고 여러 가지를 시도해 볼 수 있는 좋은 기회이다. 자유학기를 경험한 연구학교 교사들은 힘은 많이 들었지만 보람은 있었다고 이구동성으로 말한다.

이 기간 동안 교사들은 교과 간 융합수업, 교과연계 진로교육 수업, 협력학습 중심의 다양한 수업모형을 개발하고 적용한다. 학교의 교과 간 융합 수업의 예를 살펴보면, 수학과 미술 수업을 융합해 스테인드글라스 만들기를 한다. 수학과목에서는 평면도형의 성질을 이해하고, 미술과목에서는 스테인드글라스의 원리를 알고 작품을 만들어 보게 하는 것이다.

교과 연계 진로수업의 경우, 수업을 통해 다양한 직업과 진로의식을 함양하기 위해 교과별 지도계획을 세우고 진로교육을 실시한다.

예를 들어, 과학, 기술, 진로의 경우 다리 만들기 활동과 교량과 관련된 직업탐색활동을 한다.

자유학기제에서 교사가 만들어내는 교과과정의 핵심은 이것을 왜 배우는지, 배움에 의미를 부여하여 학생들이 몰입하게 함으로써 자기주도적으로 학습을 돕는 것이다.

3. 전환학년제 1년간·1주간 수업 구성

Q 전환학년제 1년간 수업은 어떻게 구성되어 있나요?

9월에 학기가 시작되는데 방학기간을 제외하고 각 11주씩 3개의 학기로 나누어서 진행됩니다. 각 학기가 끝날 때 학생들에게 보고서를 받고 11월, 2월, 5월에 1주일씩 외부직업체험 기간을 갖습니다. 그리고 5월에 전환학년제 관련 시상을 하면서 전환학년을 마무리합니다.

Q 전환학년제 1주일간 수업은 어떻게 진행되나요?

우선 수업은 크게 필수과목, 선택과목으로 나누어 1주일간 이수해야 할 수업시간을 정합니다. 그리고 각 반마다 각 과목을 어떻게 배치할지 정합니다. 다만, 앞서 언급한 바와 같이 필수과목 시간에도 고교 졸업시험(Leaving Certificate) 준비를 위한 문제풀이식 시험공부는 하지 말아야 한다는 원칙은 지켜지고 있습니다.

한국의 자유학기제

1주일간 시간표를 살펴보면, 대체적으로 오전에는 기본교과를 수업하고, 오후에는 자유롭게 운영하는 자율과정 프로그램(진로, 동아리, 예체능, 선택프로그램 활동)을 수업하는 방식으로 운영한다.

	월	화	수	목	금
1교시	기본교과 과정				
2교시					
3교시					
4교시					
5교시	자율과정(진로, 동아리, 예체능, 선택프로그램 활동)				
6교시					
7교시					

〈출처 : 자유학기제 운영 종합 메뉴얼, 교과부〉

학교에 따라, 자율과정을 요일별로 운영하는 학교도 있다. 이는 교과 수업의 흐름이 끊기는 것을 막고, 학생들이 하루 동안 집중적으로 자유롭게 학습을 할 수 있는 장점을 살리기 위해서이다.

	월	화	수	목	금
1교시	자율과정	기본교과	기본교과	기본교과	기본교과
2교시					
3교시					
4교시			체육		
5교시			기본교과 (진로연계 동아리활동)		체육
6교시					기본교과
7교시		체육			

〈삼각산 중학교 예 – 출처 : 2013 자유학기제 연구학교 운영사례, 서울시 교육청〉

4. 전환학년제 선택과목

Q 학생들은 전환학년제 동안 어떤 선택과목들을 배울 수 있나요?

현재 우리 학교에서 운영하고 있는 10개의 선택과목 종류를 살펴보면 아래와 같습니다.

- Arts & Crafts (Pottery making, Painting)(예술 및 공예)
- Legal Studies (Learning Legal system, Trials)(법 연구〈법체계 및 소송〉)
- Sports Science (How the body works)(스포츠 과학〈인체의 반응〉)
- Music Technology (Computer, Keyboard 를 활용한 작곡)(뮤직 테크놀로지)
- Model Making (모델 메이킹)
- ECDL (European Computer Driving Licence) (컴퓨터 활용 자격증)
- Mini-Company (비즈니스 사업체를 운영하여 구성)
- Fashion Design (패션 디자인)
- Music Class (다양한 악기연주, 작곡)
- Wood Turning (미니가구 제작)

이 중에서 학생들에게 가장 인기 있는 것은 '미니 컴퍼니' 과목으로 학생들은 실제로 회사를 설립하고 운영하여 수익을 창출하는 과정을 경험하고 배우게 됩니다.

Q 학생들은 선택과목들 중 몇 가지 과목을 선택해서 배우나요?

전환학년 동안 10개의 선택과목 중 총 4과목을 선택, 11주씩 수업합니다.

참고로 다른 학교(St. Kilian college)의 경우 선택과목은 아래와 같습니다.

- Drama (드라마)
- Graphic Design (그래픽 디자인)
- Driver Theory (운전 이론)
- Horticulture (원예학)
- Social Action (사회복지학)

- Cooking (요리)
- Puppet Making (인형만들기)
- Woodwork (목공)
- Film Studies (영상학)
- Music Production (음악창작)

한국의 자유학기제

잠실 중학교의 경우 교육부 학생 수요 조사 및 자체 설문을 활용하여 12개의 프로그램을 선정하였다.

선정된 과목들은 모의창업, 디자인, 애니메이션 제작, 영화영상제작, 바리스타, 목공예, 스마트폰앱 개발, 로봇연구, 드라마와 광고, 요리실습, 과학 탐구반, 보컬 트레이닝 및 실용음악 등이다.

이 과목들은 모두 실용적인 것으로 학생들이 평소에 관심은 많았으나, 학기 중에는 선뜻 하기 어려웠던 경험들을 학교 내에서 할 수 있도록 기획된 것들이다. 이 프로그램 수업 후 학생들의 반응은 매우 긍정적이었다.

학생들은 자유학기제 동안 총 4개의 수업을 선택할 수 있으며, 한 과목당 1주일에 4시간씩 총 12주를 수강한다. 과목에 따라 필요한 경우 전문강사를 초빙해 담당교사와 함께 지도하도록 하고 있다.

(출처 : 2013 자유학기제 연구학교 운영사례, 서울시 교육청)

5. 전환학년제 외부체험활동 운영

Q 외부체험활동이란 무엇인가요?

외부체험활동이란, 교실 밖에서 이루어지는 교육활동으로 대학교, 공공
기관, 지역사회, 기업들에서 운영하는 전환학년 프로그램을 의미합니다.

**Q 여러 외부활동들 중 직업체험이 가장 중요할 것 같은데, 직업체험의 경우 얼
마 동안의 활동이 이루어지나요?**

우리 학교에서는 직업체험의 경우, TY 기간 중 총 3주간 이루어집니
다. 11월, 2월, 5월에 각각 1주일 정도씩 이루어집니다.

Q 1주일의 직업체험 기간이 직업을 이해하는 데 충분한가요?

체험기간이 비록 1주일이라고 해도 오랜기간 학생들을 지켜보면서 경
험한 바에 의하면, 1주일은 학생들이 그 직업에 대해, 보고 느끼는 데에
는 충분한 기간입니다. 물론 직업체험을 제공하는 곳의 준비 정도와 프로
그램의 질에 따라 얻을 수 있는 범위와 깊이는 달라지겠지요.

직업체험에서는 학생들이 그 직업과 관련해서 실제 업무 테크닉을 배
우길 바라는 것이 아니라, 그 직업이 어떤 일을 하는지, 자신에게 흥미가
있는지를 알아보게 하는 것이 중요합니다.

Q 직업체험은 어떤 교육적 효과가 있나요?

직업체험의 경우, 저는 모든 학생이 다양한 직업을 체험해 보도록 권
장하고 있습니다. 학생들에게 학교 졸업 후에 평생 동안 어떤 직업을 갖

게 될지에 대해 넓게 생각해 보도록 합니다. 학생들은 직업체험 후 그 직업에 관심이 생기면, 학업계획을 생각해 보게 되고, 대학 진학이 필요하다면 해당학과를 가려고 준비하게 됩니다. 제가 가르친 한 학생은 늘 '물리치료사' 직업에 관심이 많았습니다. 공부도 잘하고 운동에 관심도 많은 학생이었습니다. 미래에 물리치료사로 일하면서 국가대표 럭비 팀에서 좋아하는 선수들과 함께 해외원정경기도 다니면서 일하고 싶다고 했지요. 그런데 이 학생이 직업체험을 한 후 학교에 돌아와서 하는 말이 "하루 종일 아픈 환자들과 함께 있는 것이 저에게는 너무 지루하고 안 맞는것 같아요."라면서 물리치료사라는 직업에 대한 생각이 바뀌었다고 말했습니다. 밖에서 보는 것과 실제 그 직업이 자신이 생각했던 것과 너무도 다르다는 것을 안 것이지요. 이렇듯 직업체험은 자신에게 맞는 직업을 이해하고 파악하는 데 도움을 줍니다.

❝

직업체험의 경우, 저는 모든 학생이 다양한 직업을 체험해 보도록 권장하고 있습니다. 학생들에게 학교 졸업 후 평생 어떤 직업을 갖게 될지에 대해 넓게 생각해 보도록 합니다.

❞

Q 학생들은 직업체험 장소를 어떻게 찾고 있나요?

우리 학교의 경우 모든 직업체험과 관련하여 학교에서 주관하는 전체적인 프로그램은 없습니다. 학생들 개개인이 각자 찾아야 합니다. 그만큼 사회적으로 이 제도에 대한 공감대가 형성되어 있다는 이야기지요. 큰 회사나 대학에서는 자체적으로 개발한 프로그램이 있어 학생들이 이를 보고 지원하여 참여하기도 합니다. 그러나 대부분의 학생들은 가까운 지인, 지역사회의 직업장에 직접 찾아가 지원하고 참여하는 경우가 더 많습니다. CareersPortal, Transition Year Help란 사이트가 매우 유용한데 이를 이용해서 직업체험장을 직접 조사해 보기도 합니다.

직업체험활동을 찾기 위해 학생들이 자주 활용하는 사이트는 www.careersportal.ie와 www.transitionyearhelp.com 등이 있습니다.

CareersPortal(www.careersportal.ie)

아일랜드의 대표적인 진로가이드 사이트로서 진로지도, 진로 탐색을 위한 자가진단, 직업군별 세부직업 소개, 유학을 포함한 진학 안내, 구직에 대한 정보 등 직업 및 진로에 대한 모든 것을 망라하고 있다. 사이트 안에 School, College, Adult Learner, Parents, Guidance Professional 등, 대상들을 구분하여 관련 정보를 모아 놓고 있어 각 대상들이 진로와 관련된 정보를 보다 쉽게 검색할 수 있도록 되어 있다.

School 섹션에는 TY 학생들을 위한 곳이 있는데 이는 TY 학생들이 주로 참조하는 곳이다. 이곳에서 TY 학생들은 자기이해를 위한 자가진단 및 직업체험장에 대한 정보를 쉽게 찾아서 이용할 수 있다. 또한, 학생, 교사, 학부모, 직업체험장 고용주들을 위한 직업체험활동 가이드도 함께 수록되어 있다. 무엇보다도 각 기업체 및 관공서, 연구소 등의 TY 프로그램을 실시간 탑재하여 기업과 TY 학생들을 직접 연결하고 있는데 관련 기업정보와 함께 기업에서 운영하는 TY 프로그램 정보도 잘 설명되어 있어 그 활용도가 매우 높다. 학생들은 개별적으로 회원가입을 하고 온라인으로 신청한다.

Transition Year Help(www.transitionyearhelp.com)

이곳은 TY 학생들이 함께 만들어 가는 사이트로 TY 학생들에게 직업체험뿐만 아니라 봉사활동, 각종대회 등 TY 관련 외부체험활동에 대한 모든 정보들을 종합적으로 제공하고 있다. 또 'Get Involved' 섹션을 통해 TY에서 할 수 있는 다양한 체험들을 소개하고, 각 체험에 대한 이해를 도와 학생들이 1년간 필요한 활동들을 놓치지 않고 계획할 수 있도록 한다. 이와 더불어, 학생들이 궁금하거나 추가하고 싶은 활동 아이디어가 있으면 이메일을 통해 학생들의 의견을 받아 답변한 후 그 내용을 업데이트한다.

Q 외부직업체험활동을 할 수 있는 기관은 어떤 곳들이 있나요?

아일랜드의 경우 TY가 오랜 기간 진행되어 대부분의 회사나 단체에서 TY의 중요성을 이해하고 있으며, 직업체험의 장을 제공하는 데 매우 협조적입니다. 또한, 기업이나 병원들이 좋은 프로그램을 가지고 있는 경우도 많습니다.

 잠깐만!

직업체험 안전 체크 리스트

아일랜드 학교에서는 학생들의 체험활동 전, 아래와 같은 리스트를 만들어 학생들의 안전교육을 실시하고 있다. 이러한 과정은 학생들에게 직업체험 전 안전에 대해, 다시 한 번 상기시켜 줄 수 있는 매우 중요한 역할을 한다.

학생들은 직업체험 전에 아래의 사항들을 다시 한 번 확인하도록 한다.

학교 연락처	
건강 및 안전 사항들을 확인할 연락처	
직업체험장소에서 사고가 생겼을 시 연락처	
직업체험장소 관리자 이름 및 연락처	
직업체험장소에서의 안전책임자	
직업체험장의 안전수칙	
직업체험장에서 요구하는, 또는 하지 말아야 할 행동	
응급조치 방법	
화재 시 대처방법	
화재 시 소화기 사용 방법 및 책임자	

이와 더불어 아일랜드에서는 학생들의 안전과 신체적 상해가 발생했을 경우를 대비하여, 학교와 직업체험기관들이 의무적으로 반드시 보험에 가입하고 이를 학부모 및 체험기관에 알리는 절차를 가지고 있다.(교사활용 자료 p.223~p.224 참조) 우리나라도 자유학기제가 확대 실시될 경우, 학생들의 안전을 위하여 이러한 절차의 도입이 필요하다.

Transition Year Help에서 언급된 직업체험활동 기관

- Brown Bag Films
- IBM
- LA Make up Academy
- UCD Physics
- Churchtown of Music

- Royal College of Surgeons of Ireland
- Cooks Academy
- Gazzete Groups Newspapers
- TCD Computer Science Workshops
- Eco Unesco

6. 학교 전환학년제 프로그램 사례 – 미니 컴퍼니

또 다른 교실을 참관해 보니 그곳에서는 미니 컴퍼니(Mini Company) 수업이 한창이었다. 미니 컴퍼니란, 학생들이 모의회사를 세워 함께 다양한 제품을 만들어 판매하거나 서비스를 제공하여 수익을 창출하는 방법을 체험하는 수업이다. 이 수업을 통해 학생들은 회사의 기본 개념을 익히고, 모의회사의 주식을 발행하여 주주를 모집하고, 회사 각 부서의 업무활동 즉 시장 조사, 생산, 판매, 인사 등을 경험한다.

교사와 학생들은 'National Administrator for Minicompany in TY'에서 제공되는 매뉴얼 자료를 참고하는데 이 매뉴얼에는 회사설립에서부터 시장조사, 사업계획, 회계, 내·외부 소통방법, 운영 및 회사 청산, 관련 대회 참가까지 160쪽에 걸쳐 그 방법들이 매우 구체적이고 이해하기 쉽게 되어 있어 유용하게 활용된다.

학생들은 조별로 모여 각자 진지하게 회의를 하는 모습들이었다. 수업에 열중하느라 학생들은 이방인인 내가 들어가도 잘 모를 정도로 집중하고 있었다. 이 수업은 주당 2단위씩 총 11주간 진행된다. 전체 학생들은 3개의 조로 나누어 진행하는데 1조는 컵케이크 제작·판매, 2조는 학교 로고가 있는 스포츠백 판매, 3조는 화이트보드 판매 등을 한다고 한다.

미니 컴퍼니사업 전체를 관할하고 있는 대표이사 역할을 하고 있는 학생을 만나보았다.

〈출처 : National Administrator for Minicompany in TY〉

Q 간단히 회사소개를 해줄 수 있나요?

저는 대표이사로서 총 3개의 사업을 관할하고 있습니다. 컵케이크 제작·판매, 스포츠백 판매, 화이트보드 판매 사업을 하는데 현재 1조의 컵케이크 제작·판매는 사업이 순조롭게 진행되고 있습니다. 하지만 2조의 스포츠백 판매는 원가문제로 물품 공급자와 가격협상에 어려움을 겪고 있습니다. 3조는 화이트보드를 판매할 예정입니다.

각 조는 사업 전 비즈니스 플랜을 짜서 진행하며 조별로 성과에 대한 경쟁도 있습니다. 보수 책정도 실적에 따라 달라집니다. 이익이 난 경우 회계사가 수입과 비용을 계상하고 있습니다. 이 사업으로 총 160~300유로 정도의 순이익을 예상하고 있습니다.

Q 사업을 하는 데 어떤 어려움이 있나요?

대표이사로서의 어려움은 직원들과 소통의 문제입니다. 사업을 하면서 모든 조원이 스트레스를 많이 받고 있는 상황이어서 큰 충돌 없이 대화를 잘 하는 것이 어렵네요. 또한, 지속적으로 숫자를 계상하는 것이 어렵습니다. 향후 회계사를 직업으로 생각하고 있었으나, 이번 미니 컴퍼니를 운영하면서 회계사 역할이 지루하다고 느껴졌어요. 나중에 은행 관련 일을 하고 싶어졌습니다.

Q 이 과목을 선택한 이유는 무엇인가요?

평소 회사 운영에 관심이 있었고 아버지가 회계사여서 늘 하시는 일이 궁금했습니다. 아버지도 한번 해보라고 추천해 주셨고요. 이 수업을 통해 상품을 홍보하고 소통하는 능력을 기르며 협동하는 방법들을 배울 수 있었습니다.

Q 어떤 활동들을 했나요?

회사를 운영하면서 생기는 문제를 해결하고, 수익이 나는 과정을 경험할 수 있었습니다.(발행한 주권을 보여줌.) 이것이 학생들에게 발행한 주권인데 우리 학교 학생들을 상대로 100명의 주주를 모집했고 수익이 나면 올해 말에 수익을 배분할 예정입니다. 또 이것은 미니 컴퍼니 수업 일지인데, 학생들이 매일매일 사업 진행상황 및 빅 이벤트(사업자 등록, 사업 설명회, 투자자 유치)를 기록한 것이지요. 이를 토대로 문제점과 발전방향들을 토론하며 사업을 진행시켜 나가고 있어요. 본 과목 종료 후 이 수업 일지는 보고서 작성과 평가에도 활용될 예정입니다.

미니 컴퍼니에서 발행된 주권을 보여주고 있다.

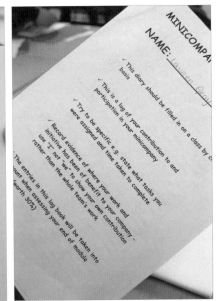

미니 컴퍼니 수업일지

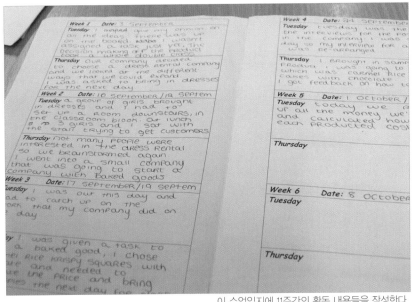

이 수업일지에 11주가의 활동 내용들을 작성하다

Q 직업체험은 어떻게 할 예정인가요?

이 수업이 끝나면 마케팅이나 사업에 필요한 부분들을 체험할 수 있는 직업체험을 하려고 합니다.

여러 사이트가 있는데 체험 장소를 찾기 위한 'Careers Portal'과 'Transition Year Help'가 매우 유용했어요. 또한, 부모님, 친지 등에게 도움을 요청하기도 했고요.

Q TY에서 가장 중요한 과정은 어떤 것이라 생각하나요?

TY에서는 여러 가지 프로그램이 있는데 그중 학교수업이 가장 중요하다고 생각합니다. 1년 동안 가장 많은 비중을 차지하고 있기도 하고요. TY 관련 학교수업을 마치면 수료증이 주어집니다.

저뿐만 아니라 제 주변의 친구들도 TY가 매우 유용하다고 생각합니다. TY의 경우 한 과목이 하루에 40분씩 두 번 연속으로 11주간 진행되어 수업의 집중도가 매우 높습니다.

[미니 컴퍼니 관련 자료]

아일랜드 교육부 가이드라인

중등과정에서 비즈니스 관련 전문지식은 TY 프로그램에서 미니 컴퍼니, 교내상점, 교내은행 등 직업체험과 관련해 중요한 역할을 한다. 시장조사, 마케팅, 회의진행과 인사조직, 재무와 회계 등의 비즈니스 역량은 이 과정을 이행하는 데 가장 중요한 요소이다.

TY는 학생들에게 인성을 개발하고 향후 진학 및 삶과 일에 영향을 미치는 여러 가지 기술과 태도를 배울 수 있는 기회를 제공한다.

이를 통해 향상시킬 수 있는 영역들은 아래와 같다.

- 기록과 보고서 작성 능력
- 자금 확보와 투자 능력
- 컴퓨터와 소프트웨어 활용 능력
- 회사운용비용 조사, 소비자 분석 능력
- 창의적인 아이디어를 통한 창업 능력

이 밖에도 미니 컴퍼니는 아래와 같은 능력을 향상시킬 수 있는 기회를 준다.

'책임감, 진취력, 신뢰성, 창업, 시장조사, 정보기술, 보고서 작성, 조직력, 인터뷰, 발표능력, 문제해결, 디자인, 팀워크 등.'

교육부 가이드라인에 따른 '미니 컴퍼니' 진행 방법

1단계
- 외부전문가를 '자문인' 자격으로 참여시켜 조언을 받는다.
- 자문인은 자신을 소개한 후, 자신이 하고 있는 일에 대해 학생들에게 설명해 준다.
- 학생들은 미래 관심분야에 대해 이야기한다.

2단계

- 자유로운 집중토론을 통해 실현 가능한 아이디어 목록을 적어보고 가능한 자원들을 생각해 본 후 판매상품을 선정한다.

3단계

- 회사 내 여러 가지 역할들에 대해 토론해 보고 각자 맡을 역할을 정한다.
- 경영진 역할을 맡은 학생들은 직원모집을 위한 지원서와 신입직원 면접내용들을 준비한다.

4단계

- 회사대표는 회의를 주재한다.
- 회사이름을 정한다.
- 회사의 주식판매를 위한 주권을 준비한다.
- 회사은행 계좌를 만든다.

5단계

- 시장조사 결과를 분석하고 이를 사업에 적용한다.

6단계

- 수업이 시작된 지 4주 안에 상품 제작이 시작되어야 한다.
- 회사운영에 있어서 중요한 것은,
  - 작업장에서의 건강과 안전
  - 통제 수준
  - 경영진의 역할에 대한 이해
  - 보관기록의 정확성
  - 임원진과의 정기회의
  - 여러 영역 간의 융합

7단계

- 수업 마지막에 진행되는 청산절차
  - 남아있는 주식과 시설물들은 매각한다.
  - 고객 정보는 소각한다.
  - 채무는 지불한다.
  - 경영진은 연말 보고서를 준비한다.
  - 배당금을 지불한다.
  - 연말보고서를 주주들과 고문들에게 발표한다.

〈출처 : TYP Resource Material, POST〉

미니 컴퍼니를 위한 운영 참고 잡지 「Consumer Choice」

아일랜드소비자협회(Consumers' Association of Ireland)에서 발간한 월간 잡지로 아일랜드에서 시판되는 모든 제품들의 가격, 성능, 신뢰도 등을 비교하고 분석하여 각 분야(가정용품, 재무, 자동차, 건강용품, 안전과 환경 등)별로 공정한 보고서를 작성한 후 소비자들에게 상품정보를 제공한다.

미니 컴퍼니에 참여하는 학생들은 판매할 상품을 선정하고 사업계획을 세우기 전, 소비자의 선호도와 소비자 보호 및 권리 등의 내용을 참고하기 위해 이 잡지를 활용한다. 이러한 정보들은 학생들이 소비자와 시장 트렌드를 파악하여

〈출처 : www.thecai.ie〉

사용 가능한 예산과 여건 아래에서 새로운 제품을 개발하거나 기존제품을 제작하여 판매하는 사업계획을 세우는 데 유용하게 활용된다.

미니 컴퍼니 대상 창업경진대회「Student Enterprise Award」

미니 컴퍼니 수업에 참가하는 학생들을 대상으로 한 'Student Enterprise Award'가 있다.

우리나라로 치면 '중소기업청'에 해당하는 CEBs(County & City Enterprise Boards)가 후원하는 대회로 10년 동안 해마다 16,000여 명의 중고등 학생들이 참여하는 창업경진대회이다. 창업문화를 활성화시키고 다양한 분야에서 활약할 미래의 창업인재들을 육성하기 위해 만들어진 이 대회는 창의적인 젊은 기업가를 일찌감치 육성하겠다는 생각에서 시작되었다.

〈출처 : www.studententerprise.ie〉

이는 어른들이 학생들의 참신한 아이디어를 듣고 그들의 혁신을 지원하여, 젊은 세대들이 열린 아이디어로 새로운 직업을 창조해 내는 것을 지원하기 위해서이다.

이 대회는 교육부의 관련 교육과정을 따르고 전환학년 기간 동안 학생들에게 경험의 기회를 제공한다. 학생들은 이 대회를 통해 새로운 사업을 위한 연간계획을 세울 수 있고 또 비즈니스에 활용할 수 있는 도구 및 새로운 관련 정보들을 얻을 수 있다.

예를 들어, 사업프로젝트 단계들을 월별로 나누고 그 기간 동안 학생들이 진행해야 하는 것을 꼼꼼히 가이드해 준다. 워크북과 웹사이트를 통해, 사업 아이디어를 내는 단계별 Learning Zone을 두어 학생들이 알면 도움이 되는 것들을 교육한다.

1단계 아이디어 단계에서는 아이디어 산출방법, 피플스킬 등을 알려준다. 뿐만 아니라 모의사업을 시작할 학생들의 실제 위험선호도 및 비즈니스 성향까지 검사해 볼 수 있게 한다.

2단계 비즈니스 시작 단계에서는 시장조사 방법, 브랜드를 생성하는 방법, 상품제작, 재고 관리, 사업보고서 쓰는 법을 알려준다.

3단계 판매단계에서는 비용과 가격책정 방법, 회계와 장부관리 방법 등을 자세히 교육하는데, 비용의 경우 고정비용의 개념과 총비용 산정 등을 예를 들어 알기 쉽게 알려준다.

4단계에서는 회사운영 시 자주 일어날 수 있는 실수 및 예방법들에 대해 설명한다.

어른들이 학생들의 참신한 아이디어를 듣고 그들의 혁신을 지원하여 젊은 세대들이 열린 아이디어로 새로운 직업을 창조해 내는 것을 지원하기 위해서이다.

CEBs는 이와 같은 대회를 통해 창업지원과 교육에 많은 노력을 쏟고 있다. 교육을 통해 젊은 세대들의 참신한 아이디어를 발전시켜 국가의 원동력으로 삼고, 사회를 지탱하는 강소기업들을 보다 많이 육성하여, 미래의 튼튼한 원동력으로 만들려는 노력이 엿보인다.

요즈음, 우리나라도 창조경제를 강조하고 이에 많은 노력을 하고 있는데 자유학기제 학생들을 위해서 한번 눈여겨 볼만한 대회이다.

한국의 자유학기제

자유학기제에서 참고할 만한 한국의 창업경진대회

정주영 창업경진대회

우리나라에도 많은 창업대회가 있는데 그중 이와 가장 유사한 대회는 '아산나눔재단'이 주최하고 '연고대 연합 창업학회'가 주관하는 '정주영 창업경진대회'가이다. 이 대회는 전국 대학 또는 대학원생을 대상으로 실전 창업을 통해 기업가 정신을 교육하고 청년들의 도전 정신을 고취시키는 데 그 목적을 두고 있다.

자유학기제를 계기로 참가 대상 연령대를 중·고등학생으로 낮추고 실제로 창업을 하는 데 필요한 기초교육과 대회가 함께 진행된다면, 학생들이 창업 관련 지식과 경험을 쌓는 데 큰 도움이 될 것이다.

- 경영학으로 유명한 미국 뱁슨대학(Babson College)은 1999년 학부생을 대상으로 한 창업 커리큘럼을 시도하였다. 대학에서 학생들에게 3000달러를 지급해 학생들의 창업을 지원하는 프로그램(FME · Foundation of Management and Entrepreneurship)이 그것이다. 길거리에서 피자 가게를 차리든, 정보기술(IT) 회사를 창업하든 개의치 않는다. 다만 창업 후 1년간 수익은 자선단체에 기부하는 것을 조건으로 내걸었다. 성과는 기대 이상이었다. 지난 15년 동안 누적 기부금이 43만 달러(4억 6000여만 원)에 달했다는 것이다. 하버드대 경영대학원(MBA)은 2011년 FME를 벤치마킹했다. 신입생 900명 전원이 6~7명 단위로 팀을 꾸려 창업을 하면 초기 사업자금을 대주는 'FIED 프로젝트'를 가동시켰다. 지난해 1위로 선정된 사업인 '케어라이트(Carewrite)'는 의료 기록을 원격으로 관리하는 병간호 애플리케이션이다. 현재 미시간대 의학대학원과 협력해 실제 서비스를 제공하고 있다.

- 국내 주요 대학 학부에선 처음으로 서울대 경영대가 이런 종류의 수업인 일명 '캐시 클래스(Cash Class)' 실험에 나선다. 벤처경영학 연합전공과정에 합격한 학부생 19명을 대상으로 두 학기(1년) 동안 학생들이 각자 팀을 짜 사업기획안을 만들어 제출하면, 대학이 초기 운영자금 300만 원씩을 지원하는 방식이다. 물론 뱁슨대학처럼 1년간 수익금은 전액 지역의 비영리기관에 기부한다는 조건을 달았다. 수업인 만큼 학점도 매긴다. 학생들의 창업 아이디어를 구체화하겠다는 취지이다.

- 2012년 8월 온라인교육 회사를 창업한 10학번 OOO(23 · 전기정보공학부) 씨는 '아이디어 하나로 실제 창업을 해보니 직원 퇴직금 지급 문제, 외국 회사와의 계약서 작성 과정 등에서 자주 벽에 부딪쳤다'며 '학교에서 체계적으로 창업을 지원받게 된다면 큰 힘이 될 것'이라고 말했다.

• 벤처경영학 연합전공에는 서울대 경영대 교수들이 전원 참여한다. 교수들은 창업 공간 · 컨설팅 · 외부 자금조달 등을 지원한다. 서울대 경영대는 '학생들이 직접 현장에서 부딪쳐 봐야 창업 문화가 바뀐다'며 '300만 원은 초기 자본이고 아이디어에 따라 국가 기관이나 민간 기업들에게 펀딩을 받아 상용화까지 가게 할 생각'이라고 밝혔다. 경영대 차원의 창업지원단도 설치된다. 지원단에 실제 창업을 했던 경험이 있는 기업가들을 겸임교수로 배치한다. '경영대가 그동안 대기업 중심 인사관리와 회계 교육에 집중해 왔는데 이제부터는 벤처 창업 쪽으로 관점을 이동하겠다'며 '서울대 졸업생 10%가 창업을 하도록 만드는 게 목표'라고 밝혔다.

• 고려대는 이번 학기부터 창업으로 학업을 포기하는 일이 없도록 하기 위해 창업휴학제도(최대 5년)를 도입, 시행한다.
이 제도는 KAIST와 동국대, 서강대 등에서도 시행 중이다. 또 서강대는 국내 최초로 창업 연계 전공 '스타트업(start-up)' 과정을 이번 학기부터 신설했다.

이렇게 어려서부터 창업에 대해 관심을 갖고 도전해 본 경험 등은 앞으로 창업뿐만 아니라 취업에도 중요한 역할을 차지하게 될 것이다. 이처럼 세상은 변하고 있다.

〈출처 : 중앙일보. 2014. 2.〉

전환학년제(TY) 프로그램의 실제 운영 사례

외부체험활동의 실제

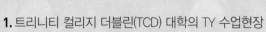

TY 프로그램의 실제 운영 사례

외부체험활동의 실제

아일랜드의 수도인 더블린 시내 중심가에 위치한 트리니티 컬리지 더블린[**Trinity College Dublin** 이하 **'TCD'**] 대학은 1592년 영국 여왕 엘리자베스 1세에 의해 설립된 아일랜드 최초, 최고의 대학이다.

'아일랜드의 옥스퍼드'라 불리는 이 대학 정문을 지나 중앙광장 입구에 들어서면 학교를 상징하는 아름다운 캄패닐레(Campanile) 종탑이 방문객들을 맞이한다. 이 종탑을 중심으로 수백 년 된 건물들이 어깨를 나란히 하며 고풍스러운 캠퍼스를 이루는 이 대학은 아름다운 건축물뿐만 아니라, 유럽 TOP 10에 랭크되는 명문대학 중 하나이다.

노벨 물리학상을 수상한 월턴(E.T.S.Walton), 노벨 문학상을 수상한 사뮈엘 베케트를 비롯해 작가 조너선 스위프트, 시인이자 극작가인 윌리엄 예이츠, 수학자 윌리엄 해밀턴 등 각 분야의 노벨 수상자 및 유명인을 많이 배출한 아일랜드 최고의 대학이다.

이 건물들을 뒤로 하고 넓은 운동장을 가로지르면 또 다른 느낌의 현대식 건물들이 보이는데, 그곳이 바로 오늘 만날 예비 과학도들이 TY 프로그램을 경험하고 있는 곳이다. TCD 대학은 의학과, 약학과, 간호학과, 물리학과, 생물학과, 식물학과, 생화학과, 화학과, 동물학과, 나노 사이엔스 학회 등 10개의 학과와 학회에서 TY 프로그램을 운영하고 있는데, 지원자 선정방법이나 참가인원 및 프로그램 내용 등 각 과의 특성에 맞게 다양하게 구성되어 있다.

필자는 TCD TY 프로그램을 주관하고 운영하는 찰스 패터슨(Prof. Charles Patterson) 교수의 초청으로 TCD 대학 물리학과를 방문, 15~16세 학생들을 대상으로 한 주간 진행되는 TCD TY 프로그램을 참관하였다.

TCD 대학 입구 - 그 명성에 걸맞게 늘 학교를 찾는 방문객들로 붐빈다.

1. 트리니티 컬리지 더블린(TCD) 대학의 TY 수업현장

학생들의 활기찬 웃음소리가 들리는 강의실 문을 조용히 열고 들어가 보니 학생들의 수업이 한창이었다. 오늘 수업은 최근 노벨 물리학상을 수상한 영국 힉스(Higgs) 교수의 'Hadrons and Bosons'에 대한 것으로 학생들은 우주탄생의 비밀이라는 주제에 대해 배우고 있었다.

수업은 우주 탄생 직후 상황인 빅뱅(Big Bang)을 재현시켜 우주 탄생의 비밀을 알아내기 위한 실험장치인 강입자충돌기(Large Hadron Collider)의 내부영상 시청, '유럽 공동 원자핵 연구소(CERN)'와 '힉스 입자(Higgs'Bosons)'에 대해 랩과 음악으로 구성된 동영상 시청, 조별로 작은 충돌기 모형을 실제로 만들어 발표하기, 강입자충돌기와 힉스입자에 대한 교수의 강의 후 관련 주제에 대해 팀을 나누어 토론 및 게임하기 등 한 가지 주제를 가지고 다양한 툴을 활용한 수업을 경험한다. 학생들은 다른 팀에 질세라 서로 어울려 팀을 나누고 게임을 했다.

TCD대학의 TY 프로그램에서 이루어지는 흥미로운 수업방식은 물리가 재미없고 실생활과는 동떨어져 있는 과목이라는 생각을 단번에 바꾸어 놓았다.

TCD 대학 물리학과가 운영하는 TY 프로그램을 살펴보면 학생들의 연구 주제와 관련한 교수들의 강의, 조별 프로젝트 연구, 외부기관 방문, 학과 관련 진로 및 직업에 대한 강의로 구성되어 있다.

[TCD 물리학과 2013 TY 프로그램]

	1일차	2일차	3일차	4일차	5일차
9:30~10:00	환영사	연구 프로젝트	나노 공간 탐험	전기와 자력	10의 제곱수
10:00~10:30	TCD 캠퍼스 투어	연구 프로젝트	나노 공간 탐험	전기와 자력	10의 제곱수
10:30~11:00	휴식	연구 프로젝트	연구 프로젝트	나노 물리학과 나노 기술	어떻게 모래 한 개의 무게를 잴까?
11:00~11:30	연구 프로젝트	연구 프로젝트	연구 프로젝트	나노 물리학과 나노 기술	어떻게 모래 한 개의 무게를 잴까?
11:30~12:00	연구 프로젝트	연구 프로젝트	연구 프로젝트	휴식	휴식
12:00~12:30	연구 프로젝트	운동의 측정	물리학 관련 진로 탐색	*CRANN 투어	힉스의 입자
12:30~13:00	연구 프로젝트	운동의 측정	물리학 관련 진로 탐색	CRANN 투어	힉스의 입자
13:00~14:00	점심	점심	점심	점심	점심
14:00~14:30	연구 프로젝트	연구 프로젝트	Dunsink 천문대 방문	천체물리학	연구 프로젝트 발표 (참가학생들)
14:30~15:00	연구 프로젝트	연구 프로젝트	Dunsink 천문대 방문	천체물리학	연구 프로젝트 발표
15:00~15:30	파동과 빛	의학에서의 물리학	Dunsink 천문대 방문	천체물리학	연구 프로젝트 발표
15:30~16:00	파동과 빛	의학에서의 물리학	Dunsink 천문대 방문	천체물리학	연구 프로젝트 발표

*CRANN,(The Centre for Research on Adaptive Nano-Structures and Nano-Devices)는 아일랜드에 최초로 세워진 나노사이언스 연구소로 TCD 안에 위치해 있다.

〈출처 : TCD 물리학과〉

이 프로그램에서 가장 큰 비중과 시간을 차지하는 조별 프로젝트는 세 명의 학생과 한 명의 대학생 멘토가 함께 한 조를 이루어 아래의 주제들에 대해 연구하는 것이다.

- 빛의 속도보다 더 빠른 것은?(Faster than speed of Light?)
- 물리학과 번개(Physics of Lightning)
- 물리학과 대서양을 가로지르는 전보(Physics of the Transatlantic Telegragh)
- 태양광 전지(Solar Cell)
- 은하계와 그 형태(Galaxies and their Shape)
- 토성, 반지의 제왕(The Lord of the Rings of Saturn)
- 초전도 양자 간섭계(SQUID)
- 레이저(Lasers)
- 전자파 반사법(Echolocation)
- 물리학과 시간여행(Physics of Time Travel)

각 주제들은 물리학 전반을 아우르는 다양하고 흥미로운 주제들로 학생들은 그중 한 가지 주제를 선택하여 대학생 멘토의 도움을 받으며 3인이 한 조가 되어 서로 토론하고 연구하여 1주일간의 프로젝트를 완성한다.

예를 들면, '빛의 속도보다 더 빠른 것은?(Faster than speed of Light?)'에 대해 학생들은 '파장과 빛'에 대한 교수님의 강의를 듣고 멘토와 함께 빛의 역사, 빛의 속도 측정방법, 파동입자 이중성, 아인슈타인의 가설 등을 조사한다. 빛의 속도로 여행한다면 어떤 일이 발생하는가?, 빛의 속도보다 더 빨리 속도를 낼 수 없는 이유 등에 대한 공식 등을 분석, 연구하여

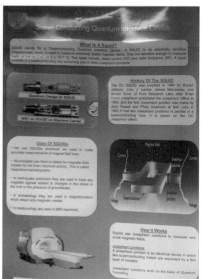

TY 조별 프로젝트 학생 작품들

마지막 설문지 평가시간,
"좋았던 점과 싫었던 점을 함께 솔직하게 적고, 친구들과 상의하지 말고 꼭 자신의 의견을 적으렴."

이 주제에 대한 포스터를 완성하고 발표한다.

학생들은 이러한 과정을 통해 물리학이 어떻게 우리의 일상생활에 활용되는지에 대해 배운 후 관련 이론들을 전문가에게 배우고, 자료조사 방법, 자료활용 방법, 물리학 공식의 활용·분석방법, 팀워크, 정보전달 스킬 등 학교 수업과는 또 다른 과학적 접근 방식을 배운다.

이 프로그램의 마지막 시간에는 내년 프로그램을 위해 학생들의 의견을 반영하기 위한 설문지 평가가 이루어진다. 좋았던 점과 함께 개선할 점도 진솔하게 조사하여 내년에는 더 좋은 프로그램을 만들려는 대학의 깊은 관심과 노력이 느껴졌다.

"

학생들은 이러한 과정을 통해 물리학이 어떻게 우리의 일상생활에 활용되는지에 대해 배운 후 관련 이론들을 전문가에게 배우고, 자료조사 방법, 자료활용 방법, 물리학 공식의 활용, 분석방법, 팀워크, 정보전달 스킬 등 학교 수업과는 또 다른 과학적 접근 방식을 배운다.

"

2. TCD 대학의 TY 프로그램

TCD 물리학과 찰스 패더슨 교수와 함께 대학에서 운영되는 전환학년제(TY) 프로그램에 대해 이야기를 나누었다.

Q 대학에서 전환학년제(TY) 프로그램 진행은 어떻게 이루어지나요?

우리 대학의 TY 프로그램은 15세~16세의 학생들을 대상으로 일주일간 진행되는데 학부생 및 대학원생들이 이 과정 동안 멘토링해 줍니다. 우리는 이론적인 것을 가르치기보다는, 학생들이 물리학뿐만 아니라 더 나아가 과학 전반에 대해 관심을 갖고 경험할 수 있도록 격려해 주는 데 더 큰 의미를 두고 있습니다.

Q 이 프로그램에 대한 정부의 지원이 있나요?

아니오, 정부 지원은 없습니다. 학생들의 학과 선택 및 진로에 도움을 주고자 대학에서 자체적으로 진행하고 있습니다.

Q 이 프로그램에 참여하기 위해 학생들은 어떻게 지원을 하고, 대학은 참가자를 어떻게 선발하나요?

우리 대학은 아일랜드 전역에서 약 300개 정도의 지원서를 받는데 지원서를 받은 후 기본적으로 추첨을 통해서 참가자를 선발합니다. 지원서에는 왜 지원했는지, 얼마나 물리학에 관심이 있는지, 지원동기를 쓰게 하고 이에 대한 교사들의 추천내용을 참고합니다.

우선 일차적으로 각 학교에서 과학에 관심이 많은 학생을 2명씩 추천해 주면, 그중 총 48명의 학생들을 추첨을 통해 선발합니다. 성별도 남학생, 여학생 각각 24명씩 고루 뽑고 있습니다. 또한, 지역분배를 골고루 하기 위해 노력하고 있는데 아일랜드는 수도 더블린에 모든 것이 집중되어 있어 전 지역의 학생들이 이러한 활동을 할 수 있도록 지역 안배에 힘쓰고 있습니다.

아일랜드에서 대학의 TY 프로그램은 각 대학의 교육목표에 따라 다양하고 자유롭게 운영됩니다. 예를 들어, 국립대학인 UCD 물리학과의 경우 TCD와는 학생 선발 방식부터 다릅니다. 추첨 대신 수백 명의 지원자 중 25명의 소수 우수학생을 선발하여 진행합니다. 지원동기와 TY 담당교사 및 물리과목 담당 교사의 추천서와 학생의 수학·과학 학교성적을 참고하여 선발하고 있습니다. 강의는 물리학과 1학년 수준의 인트로 세션으로 진행합니다.

[TCD 대학 TY 프로그램 신청서]

School of Physics　　　　　　　　　　　　　**Trinity College Dublin**

Transition Year Physics Experience Application Form
전환학년 물리학과 체험 신청서

Student's Name
학생이름 |

Female 여자 ☐　　　　　　　　　　Male 남자 ☐　　　　Tick one

I wish to apply for:
나는 아래의 지원을 희망합니다　　　TYPE 2013
　　　　　　　　　　　　　　　　　4 - 8 November 2013

Why I would like to attend TYPE (to be completed by student)
TYPE에 지원하고 싶은 이유(학생이 직접 작성할 것)

Teachers recommendation　교사추천
(to be completed by Teacher / TY-coordinator, TY)　(교사 /코디네이터가 작성할 것)
*Please note that due to pressure of numbers, no more than two students from any one school can be accommodated.
인원수의 제한으로, 반드시 각 학교에서는 2명 이하의 학생을 추천해 주시길 바랍니다

Teacher's Name
교사이름 |

Signature 서명 |　　　　　Date 날짜 |

Position 직급 |

(Please complete in full)

School	School Name: 학교명 Address: 주소 E-mail: 이메일 Telephone : 전화

Please return by Tuesday, 8th October 2013 to:　School of Physics Trinity College, Dublin 2

　신청서를 보면 학생의 지원동기, 학생에 대한 교사 코멘트로 이루어져 있다.

Q 왜 대학에서 이러한 과정을 진행하나요?

학생들은 전환학년제 이후, 남은 기간 동안 대학입학을 위해 시험공부를 하고 선택과목 및 학과를 결정해야 합니다. 따라서 어떤 과목을 선택해야 할지에 대해 학생들은 많은 고민을 할 수밖에 없죠. 그 전에 이러한 경험들이 학생들의 선택에 도움이 되도록 하는 것이 이 과정의 목적입니다.

우리는 어려운 공식들은 배제하고 실제 실험, 게임 등을 통해 물리학이 얼마나 재미있고 실생활에서 활용되는지에 대해 알도록 해주는 데 초점을 맞추고 있습니다. 실제로 아주 작은 입자부터 광대한 우주까지 물리학이 우리 삶에 그 영향을 미치지 않는 영역이 없습니다.

Q 대학에서 진행하는 TY 프로그램 내용이 궁금합니다. 상세히 알려주실 수 있나요?

1주간 학생들이 경험하는 내용은 학생들의 눈높이에 맞춘 물리학 기본 강의와, 여러 실험실에서 진행하는 실험 참여 및 TCD 물리학과의 천체 관측소를 방문하여 천체 물리학의 기본 원리를 배우고 행성들을 관찰하는 경험 등입니다. 그밖에 물리학 관련 그룹 프로젝트를 진행하고, 물리학 전공 후 진로와 취업에 대해 진로 전문가와의 대화가 있습니다.

10명의 교수 및 박사과정 대학원생들이 1주간, 한 시간씩 강의를 맡아 하는데 대부분의 강의는 데몬스트레이션(시연)강의로 진행됩니다. 예를 들어, 와인 잔 디자인과 물리학과의 연관성에 대해 배운다든가, 레이저 빔을 분필에 쏘아 연기가 나게 한다든지, 아주 드라마틱한 시연 강의로 진행됩니다.

그리고 우주천체 망원경을 보기 위해 천체관측소를 방문하여 실제 그곳에서 수업이 진행되기도 하고, 나노 테크놀로지 랩을 방문하기도 합니다. 또한, 비디오를 시청한 후 행성을 관찰하는 등 다양한 활동이 이루어집니다. 이후에는 관련 모형을 만들어 보기도 합니다.

우리가 이 프로그램을 진행한 것은 약 10년 전부터입니다. 학과 내에 교수와 교직원으로 구성된 TY 프로그램 관련 Core 팀이 있어서 프로그램을 만드는 데에 어려움은 없습니다.

Q TY가 학생들의 교육적 성장에 효과적이라는 것을 증명할 만한 사례들이 있나요?

예, 아일랜드 교육 전문가들의 연구논문을 보면 TY가 학생들의 교육적 성장에 효과적이라는 사례들을 볼 수 있습니다. 또한, 좋은 성과의 한 예는 'EURO Young Scientist'라고 하는 대회에서 나타나는 아일랜드 학생들의 성과입니다.

이 대회에서 아일랜드 학생들이 지난 3년간 계속 우승을 하고 있지요. 저는 이것이 대단한 것이라고 생각합니다. 이런 것들이 사람들에게 이 제도의 긍정적인 면을 알릴 수 있는 한 예라고 할 수 있습니다. TY를 통해 학생들이 프로젝트 수업을 경험하고 그것이 이런 대회에서의 성과로 나타나는 것입니다.

전환학년제를 통해 기를 수 있는 실질적인 능력은 '스스로 생각하는 힘'을 기르는 것이지요. 예전 제 학창시절에는 이런 제도를 생각하지 못했고 또 이 제도 초기에는 이런 외부체험활동들이 필요 없다고 생각했습니다. 우리 세대엔 오로지 공부만 했습니다. 그때도 이런 제도가 있었으면 얼마나 좋았을까 싶습니다. 학생들이 당장의 점수 올리기에 연연해하기보다는 좀 더 넓게 장기적으로 보아야 한다고 생각합니다.

잠깐만!

EURO Young Scientist란? 유럽연합 '영 사이언티스트' 콘테스트는 유럽위원회가 후원하는 '과학경진대회' 겸 '박람회'로 매년 이 대회를 통해 과학자를 꿈꾸는 유럽의 청소년들이 서로 자유롭게 협력과 교류를 할 수 있다. 이 대회는 1989년에 유럽연합에 의해 처음 개최되어 지금까지 이어지고 있는데 어린 과학도들이 유럽에서 가장 저명한 과학자들을 만나 멘토링을 받을 수 있는 기회를 가질 수 있게 한다. 또한, 이 대회를 통해 청소년들은 과학 및 정보기술에 대한 전문적인 진로 탐색의 기회를 얻을 수 있다. 각 나라에서 예선을 통과한 학생들은 실험보고서, 전시물 등을 The Science Exhibition에 전시하여 평가단 및 일반 관람객들에게 출품작들에 대해 설명하고 질의에 답변하는 시간을 갖는다. 우승자들은 최고 7000유로의 상금과 유럽의 주요 연구소를 방문하여 그곳의 과학자들을 만나고 연구할 수 있는 혜택이 주어진다.(www.eceuropa.eu)

진로 선택을 위한 TCD 대학의 열정

　　TCD 수학과 및 물리학과 진학에 관심 있는 학생, 학부모들을 위한 TCD Maths & Physics Open day를 참관했다. 우리나라로 치면 대학입학 설명회 같은 것으로 오전 10시 30분부터 오후 3시 30분까지 대학에서 1일 동안 학과에 대한 정보 및 졸업 후 진로에 대해 상세히 설명하는 행사이다. 또 학과 실험실을 공개하여 체험할 수 있게 함으로써 학생, 학부모들이 각 학과를 이해하는 데 도움을 주고자 하는 프로그램이다. 참여를 원하는 학생 및 학부모는 누구든지 온라인으로 신청하여 참석할 수 있다.
　　이날은 아일랜드 전역에서 300여 명의 학부모와 학생들이 참가하였다. 자녀와 함께 소중한 정보를 하나라도 놓치지 않으려고 열심히 듣는

Open day 시작 전 참가 등록을 확인하고 있는 학생들

Open day 학과 설명회

모습은 한국의 학부모 못지않게 진지했다.

간단한 프로그램 진행 안내에 이어 수학과, 물리학과 교수들이 자세하게 세부 학과소개(Degree Courses in Mathematics and Physics)와 향후 진로 및 취업정보에 대해 설명을 한다. 그 후 관련학과 학부 및 대학원생, 대학 진로 상담처장, 각 학과 교수들이 패널로 참석하여 학생, 학부모들의 질문을 받고 답변하는 시간을 갖는다. 학생 및 학부모는 자유롭게 학과 및 진로에 대해 궁금했던 점들을 질문하고 교수들은 최선을 다해 자세히 답변해 준다. 점심시간에도 안내데스크에 교수를 포함한 대학 관계자들이 계속 남아서 학생 학부모와 같이 식사하며 이들의 질문에 세심하게 답변해 주는 모습이 인상적이었다.

오후시간에는 약 1시간 반 동안 수학과와 물리학 교수들의 설명이 이어졌다. 각 과에서 연구되고 있는 주제들 예를 들어, '나노 물질이 미래 문제의 해결점이 될 수 있을 것인가?', '행성들의 내부는 어떠할까?', '수

아일랜드 물리학 협회에서
발행한 진로 관련 소책자

학에 있어서의 다이나믹 시스템들' 등에 대한 주제들을 학생들의 눈높이에 맞추어 실제 사례를 중심으로 흥미롭게 강의해 주고 학생들의 질문에 친절히 답변해 주는 등 학생들과의 소통에 노력하는 모습을 보였다.

이날 대학에서는 학생·학부모에게 여러 가지 진로 관련 참고자료들을 나누어 주었다. 아일랜드 물리학 협회에서 청소년들을 위해 발행한 소책자(What is Physics? Is Physics for you?)에는 '물리학이란 무엇인가? 물리학이 우리의 생활과 얼마나 밀접한 관련이 있는가? 지난 5년간 졸업한 졸업생들의 평균 연봉은 얼마나 되는가? 관련 직업들은 무엇이 있는가?' 등이 소개되어 있다. 또 다른 책자(28days 28 Physicist)에는 물리학과 관련된 28가지의 다양한 직업에 종사하는 졸업생들이 직장에서의 일상과 보람, 어려움들을 진솔하게 적고 있어 학생들의 직업에 대한 이해를 도왔다.

또한, 흥미로운 점은, 이날 학교에서 제공하는 Open day 안내 인쇄물이었다. 거기에는 학과 소개와 함께 각 과의 입학을 위한 지난해 커트라인 점수가 공개되어 있다. 각 과의 커트라인 점수와 각 학년마다 학생들이 어떤 과목들을 배우게 되는지 상세하게 기재되어 있어 학부모와 학생들이 학과의 학년별 교육과정을 잘 이해하고, 입시 전문가들의 도움 없이 자신의 점수에 맞게 지원이 가능하게 되어 있다.

COLÁISTE NA TRIONÓIDE, BAILE ÁTHA CLIATH | TRINITY COLLEGE DUBLIN
Ollscoil Átha Cliath | The University of Dublin

MPOD 2013

Maths Physics Open Day

Programme

Saturday, 09 November 2013

School of Mathematics
School of Physics

Maths Physics Open Day 2013

Programme

10:30 - 11:00	**Registration**
11:00 - 11:05	**Welcome** Prof. Charles Patterson
11:05 - 11:45	**Degree Courses in Mathematics and Physics**

Prof. Shane Bergin	TR076	Nanoscience
Prof. Peter Gallagher	TR071	Physics and Astrophysics
Prof. Tristan McLoughlin	TR035	Theoretical Physics
Prof. Paschalis Karageorgis	TR031	Mathematics and TSM

11:45 - 12:00	**Panel Q&A on Degree Courses**

Academic Staff, Students and Director of TCD Careers Advisory Service

12:00 - 13:00	**Lunch**

Panel available for discussion at Information Desk

13:00 - 14:20	**Current Topics in Physics and Mathematics**

Prof. Jonny Coleman
Tiny but Mighty - How today's nano-materials will solve tomorrow's problems

Prof. Brian Espey
Peeling the Onion: Looking inside a star

Prof. John Bulava
Lattice Quantum Chromodynamics - The good, the bad and the ugly

Prof. Paschalis Karageorgis
Dynamical Systems

14:30 - 15:30	**Tea and Coffee**
14:30 - 15:30	**Tours of Physics undergraduate laboratories**

School of Mathematics
School of Physics

Maths Physics Open Day 2013

Overview of TCD Degree Courses in Mathematics and Physics

All courses last for four years. Entry requirements for each course via Leaving Certificate and A-levels are listed at www.tcd.ie/Admissions/. Additional entry requirements for two subject moderatorship (TSM) courses are also listed there. A-level grades are converted to points using a scheme given at the same web address.

Mathematics TR031. The points requirement in 2013 was 520 and approximately 30 students are admitted each year. In the first two years, algebra, analysis, mathematical methods, methods of mathematical physics, computation, and statistics, are taught. In these years students can choose some courses, but choice is limited. In third and fourth year students take six elective courses per term, and may elect to take a one-semester or two-semester project. They may take courses from the Department of Statistics, and Computer Science: thus they can emphasise statistics or computation in their studies. The final two years include courses intended for Theoretical Physics students, but, in principle, anyone studying Mathematics can take them. See maths.tcd.ie/undergraduate/ for full details.

Two-subject Moderatorship. The points requirement in 2013 was 545 for Mathematics and Philosophy and 560 to 580 for the other combinations. Approximately 25 students are admitted each year. Mathematics may be combined with Economics, Geography, and Philosophy, under 'pattern A' in which both subjects are equally weighted throughout. The above three subjects may be studied with mathematics also under 'pattern B' in which the student specialises in one subject in the final year. Also allowed under 'pattern B' are English Literature, French, German, Music, and Psychology. In the first year the Mathematics course is fixed. In the second year, more choice is available, except where Economics is taken, to avoid duplication. In the third and fourth years, there are more optional courses, again with more restrictions for Mathematics and Economics. See maths.tcd.ie/undergraduate/ for full details.

School of Mathematics
School of Physics

Maths Physics Open Day 2013

Theoretical Physics TR035. The points requirement in 2013 was 490 and around 40 students are admitted each year. In the first two years students take the complete Physics lectures and practicals, together with the algebra, analysis, group theory, mechanics, methods of mathematical physics and the mathematical computation parts of the Moderatorship course in Mathematics. The final two years of the programme consist of advanced topics in mathematics and theoretical physics (including quantum mechanics, general relativity, electromagnetic theory, statistical mechanics and quantum field theory) provided by the School of Mathematics, and a selection of specialist physics courses (including atomic and nuclear physics, condensed matter theory, cosmology, electron and photon physics, high energy physics, nanoscience and stellar and galactic structure) from the School of Physics. There is a mandatory computational research project in Physics and an optional research project in Mathematics in the final year. See maths.tcd.ie/undergraduate/ and physics.tcd.ie/undergraduate for full details.

Physics and Astrophysics TR071. Students who wish to study Physics or Physics with Astrophysics enter via TR071 Science. This is the entry into the general Science degree. The points requirement for TR071 in 2013 was 505 with over 350 students admitted, of whom approximately 60 choose the Physics course. In the first two years students choose three subjects. For students who proceed to study Physics or Physics and Astrophysics in the third and fourth years, typical first and second year course choices are Physics, Chemistry and Mathematics or Physics, Geology and Mathematics. The final two years in the Physics course consist of topics in atomic, nuclear and condensed matter physics, nanoscience, electromagnetism, optics, quantum mechanics, particle physics and astrophysics. The final year project is in experimental physics. The final two years in the Physics and Astrophysics course consist of these topics, but with a greater emphasis on astrophysics. The final year project is in astrophysics. See physics.tcd.ie/undergraduate for full details.

Nanoscience: Physics and Chemistry of Advanced Materials TR076. The points requirement in 2013 was 570 and 20 students are admitted each year. In the first two years students study physics, chemistry and mathematics. In the third and fourth years, nanoscience students study condensed matter physics and solid state and molecular chemistry, quantum mechanics, thermodynamics, electromagnetism, photonics, optics, physical chemistry, polymers and materials chemistry. Nanoscience has a dedicated

Open day 안내 인쇄물.
학과소개와 함께 각 과의 입학을 위한 지난해 커트라인 점수가 공개되어 있다.

점심시간 동안 교수를 포함한 대학 관계자들
이 계속 남아서 학생 학부모와 같이 식사하며
이들의 질문에 세심하게 답변해 준다.

'커트라인 공개는 학교 및 학과의 자존심이 달려있어 공개하는 게 어렵지 않느냐'는 필자의 질문에 교수들의 반응은 '당연히 대학에서 커트라인을 알려주어야 학생들이 지원할 때 어려움이 없지 않겠느냐'고 되물어 본다. 대학 및 학과들이 시험성적이 높은 학생을 서로 유치하기 위하여 커트라인점수를 공개하지 않는 것보다, 대학이 학생과 학부모의 대학진학 어려움을 충분히 이해하고 그들이 정확히 판단하도록 도움을 주어 진정으로 그 학과를 전공하고 싶어 하는 학생이 지원할 수 있도록 적극적으로 돕고 있다는 생각이 들었다.

이날 열린 대학입학 설명회가 학교와 학과의 홍보에 그치지 않고, 학부모와 학생들이 알고 싶은 실질적인 정보를 대학이 최선을 다해 제공하고 소통하고 있는 모습이 인상적이었으며, 참석한 학부모와 학생들도 이와 같은 학교의 노력에 매우 만족해하였다.

이후, 물리학과 학부생들이 실제로 이용하는 실험실로 이동하는 그룹 투어가 이루어졌다. 재학 중인 학부생들을 만나 그들이 무엇을 실험하는지 듣고 같이 실험에 참여하며 질문하는 시간이 주어졌다. 물리에 대해 잘 모르는 학부모들도 학부생의 설명을 듣고 같이 실험에 참여하면서 물리학에 대한 관심을 높일 수 있었다. 한 학부모는 자신이 물리를 이렇게 일찍 접했더라면 아마 어렸을 때 물리학과에 갔을 것이라며 만족스러워했다.

Q 오늘 프로그램은 어땠나요?

매우 좋았습니다. 세부전공, 진로에 대한 정보 등 매우 유용한 정보들을 제공해 주어서 좋았습니다.

Q 자녀가 TY 프로그램을 체험했는지, TY로 인해 학력이 저하된다는 걱정은 없었는지요?

아니오. 전혀 걱정하지 않았습니다. 오히려 TY 프로그램을 통해 아이에게 동기부여가 되었습니다. 직접 외부체험활동을 할 수 있는 기회도 갖고, TY 프로그램을 통해 아이에게 많은 도움이 된 것 같습니다. TY를 통해 무엇을 할지, 하지 않을지를 알 수 있고, 직업체험을 통해 아이가 많이 성숙해진 것을 느낍니다. 우리가 어렸을 때는 이런 TY 제도가 없었는데 있었다면

자녀와 함께 대학 실험실로 이동하여 세심히
학생들이 공부하는 곳을 둘러보는 아일랜드 학부모들

실제로 여러 실험들을 보여주고 학생들과 대화하면서
대학 학과에서 무엇을 공부하는지 알고 느낄 수 있게 한다.

아마 지금 제가 더 좋아하는 다른 직업을 갖지 않았을까 싶어요. 다시 어린 시절로 돌아간다면 저도 TY를 해보고 싶습니다. 정말 좋은 경험입니다.

Q TY 기간 동안 학부모의 역할은 무엇인가요?

아이들이 주로 교내·외에서 진행하는 프로그램에 참여하기 때문에 부모들이 직접적으로 관여하지는 않고 아이들을 격려해 주는 역할이 크다고 볼 수 있습니다. 1년에 두 번 TY 설명회를 통해 학교와 소통하며 수업을 참관합니다. 학교마다 다르지만 부모들이 TY프로그램 설계에 의견을 주기도 합니다.

Q 자녀를 대학에 진학시킬 예정인가요?

물론입니다. 아이가 대학에 진학하여 더 많은 교육을 받고 더 나은 자격을 갖추어 많은 기회를 얻을 수 있기를 바랍니다. 그래서 아이가 만족하는 일을 찾고 성공적으로 독립했으면 좋겠습니다.

Q 전공을 정할 때 누구의 영향이 가장 큰가요?

아이의 뜻을 존중해 주어야 하겠지요. 그런데 요즘 우리 아이가 생각하는 전공과 부모가 생각하는 전공이 달라서 많은 신경전을 하고 있습니다. 그래서 담임선생님과도 상담 중에 있습니다.

Q TY가 대학 전공을 택하는 데 영향을 미치나요?

그렇습니다. TY 기간 동안 우리 아이는 좋아하는 것보다는, 오히려 좋아하지 않는 것들에 대한 체험을 하고 싶다고 했습니다. 그래서 아이가 좋아하는 것만이 아닌 다양한 체험을 하게 하였습니다. 아이가 그것들을 모두 해보고 나서 좋아하는 것을 더 뚜렷이 알 수 있었습니다.

「UCD[University College of Dublin] 대학 수학과」

UCD School of Mathematical Sciences – Maths Enrichment Classes(in association with the Mathematical Olympiad)

UCD 수학과에서는 TY 체험 프로그램을 운영하지 않는데 그 이유는 수학과목의 특성상 실험을 요하지 않아 체험활동을 위한 실험실을 보유하고 있지 않기 때문이다. 그 대신 TY 학년 학생들을 대상으로 'Maths Enrichment Classes' 과정을 운영하고 있다.

한 가지 주목할 점은 1차 참가대상을 성적으로 선발하지 않고, 수학에 관심이 있는 학생이면 누구나 참여할 수 있도록 개방되어 있다는 점이다. 학생들이 수학에 흥미를 느낄 수 있는 기회를 가지지 못해 수학을 멀리 하게 되고, 그 결과 점수도 낮을 수 있으므로 학생들이 수학에 흥미를 느끼고 재미있게 접하기 위한 기회를 보다 많은 학생에게 주기 위해서 수학과에서 마련한 프로그램이라고 한다.

물론 이 과정을 계기로 수학에 더 많은 관심을 갖게 되어 심화공부를 하고자 하는 학생들은 선발시험(40~50명 선발)을 거쳐 본격적인 국내외 수학올림피아드 시험 준비를 한다. Maths Enrichment Classes는 1월부터 4월 말까지 약 4개월간 진행되며, 매주 토요일 오전 10시~오후 1시까지 수업한다. 학생들에게 교육비를 받지 않는 수업이고 교수들은 적극적으로 약 4개월간 교육봉사를 한다. 이 프로그램에는 매년 약 200여 명의 학생들이 참가한다.

〈출처 : www.ucd.ie〉

우리나라 영재교육원 활용

우리나라도 대학 및 교육청에서 운영하는 수학, 과학 영재교육원이 있다. 그런데 이곳은 영재를 발견해서 육성하는 것이 아니라 사교육에 의해 만들어진 영재를 관리하는 곳 같다. 그래서 많은 수학·과학 학원은 영재교육원 입학을 내걸고 학부모들에게 사고력 및 심화 과정을 가르치는 학원에 보낼 것을 홍보하고 있다.

이는 영재 교육원이 소수의 정원으로 운영되고 있고, 성적으로 선발하는 등 입학 진입장벽이 높아 사교육을 많이 받은 학생들이 입학에 유리하기 때문이다. 따라서 초등생을 둔 학부모들은 자녀를 영재 교육원에 보내기 위해 많은 사교육비를 들여 무리한 선행학습을 시키느라 힘들고, 자녀들은 어린 나이에 또 하나의 입시를 준비하느라 힘든 시간을 겪어야 한다.

자유학기제를 계기로 수학·과학에 관심 있는 학생들에게 제도적으로 영재 교육원 입학의 문을 활짝 열어 놓고 참가를 원하는 학생들을 가능한 한 많이 받아들여 그곳에서 직접 만들어지지 않은 진짜 영재를 발견하고 교육하는 것이 어떨까? 영재 교육원의 장벽을 낮추어 진짜 만들어지지 않은 영재를 발견하는 것도 우리나라 공교육 발전을 위해 매우 의미있는 일이다.

3. 아일랜드 국립미술관(내셔널 갤러리)의 TY 프로그램

　TCD 대학 건너편에 위치한 아일랜드 국립미술관(내셔널 갤러리)에 가서 그곳 TY 프로그램에 대해 알아보았다.

　1864년에 설립된 내셔널 갤러리는 올해로 개관 150주년을 맞는다. 13세기부터 20세기 중반까지 15,000여 점이 넘는 회화, 조각 작품 등을 소장하고 있는 내셔널 갤러리는 아일랜드뿐만 아니라 이탈리아, 프랑스, 네덜란드 등 전 유럽에 걸친 작품들을 소장, 전시하고 있다.

　이곳에서는 대중과의 교감을 중시해 다양한 프로그램을 통해 대중과 소통하고 있다. 미술관이 작품만 전시한다면 대중들에게 가까이 다가가지 못한다는 신념하에 갤러리 투어, 이벤트, 콘서트 등 다양한 프로그램을 매주 기획해 진행하고 있다. 작품에 대한 교육의 중요성도 매우 강조하여 어린이부터 성인까지 연령대별로 다양한 미술교육 프로그램들을 무상으로 제공하고 있다.

　내셔널 갤러리에서는 전환학년제(TY) 기간 학생들을 위해 갤러리 투어 프로그램과 직업체험 프로그램 2가지를 운영하고 있다. 갤러리 투어 프로그램은 단체 혹은 개별 신청을 받아 진행한다. 진지하게 미술을 접할 기회가 적었던 학생들에게 미술작품에 대한 이해도를 높이고 작품과 관련된 여러 가지 정보 및 평론들을 전달하여 학생들이 스스로 작품에 대한 관심과 이해도를 높일 수 있게 기획한 것이다. 직업체험 프로그램은 작품에 대한 토론 및 워크숍 참여와 실제 작품활동도 할 수 있게 구성되어 있다.

아일랜드 국립미술관(내셔널 갤러리) 내부 전경

내셔널 갤러리의 교육 담당자와 TY 프로그램에 대한 인터뷰

Q 내셔널 갤러리에서 직업체험 프로그램을 운영하는 이유는 무엇인가요?

이곳에서 TY 직업체험 프로그램을 경험하고자 하는 학생들의 수요가 아주 많기 때문입니다. 또 학생들이 갤러리에서 직업체험 프로그램 후 주변 사람들에게 갤러리에서 하는 일에 대해 알려줄 수 있고 청소년들이 갤러리에 대해 관심을 갖게 하기 위해서입니다.

현재 이곳에는 유치원생부터 13세까지의 초등학생들을 위한 체험 프로그램과 성인들을 위한 교육 및 체험 프로그램은 있으나, 청소년 관련 프로그램은 많지 않은 편입니다. 청소년들은 대학에 가서야 갤러리를 찾는 편이죠. 이러한 직업체험 프로그램을 통해 갤러리에 대해 폭넓게 알리고, 청소년들과 소통하는 기회로 삼고 있습니다.

Q 갤러리 직업체험 프로그램에 참여하려면 어떻게 해야 하나요?

한 번에 한 명씩 1년에 총 25명의 학생을 선발합니다. 학생들의 지원서를 선착순으로 접수하여 참가자를 선정하는데 학교나 학부모를 통하지 않고 학생 스스로 지원하게 합니다. 이는 TY의 교육적 목적이 학생 스스로 사회와 소통하도록 하는 것이기 때문입니다.

Q 학생들은 이곳에서 어떤 체험을 할 수 있나요?

직업체험 프로그램의 경우는 그룹 프로젝트가 아닌 개별 프로젝트로만 진행됩니다. 참가 학생은 내셔널 갤러리 안에 있는 교육부서(Education Dept), 고객센터(Visitor Service), 정보제공센터(Information service) 등에서 1주간 근무하면서 직업체험을 합니다.

참가 학생은 단순한 업무보조를 하는 것이 아니라, 교육부서(Education Dept)에서 부여되는 간단한 프로젝트를 완수하여야 합니다. 이 체험 프로그램에서는 갤러리를 방문하는 관람객들을 가르치는 교육자 역할을 체험하게 합니다. 학생은 갤러리에 전시된 그림에 대한 세부 지식을 습득한 후 어떻게 자신만의 교육방식으로 관람객들에게 효과적으로 그림에 대한 정보와 해석을 전달할 것인지를 연구하는 것이죠. 이때 관람객들의 연령은 성인이나 초등학생이 아닌 자신과 동일한 15~16세로 가정하여 관객의 입장에서 그 연령대가 어떤 부분에 관심이 많을지를 참가 학생에게 스스로 생각해 보게 합니다. 그 밖에 관람객들이 어떻게 갤러리를 활용할지, 그림을 통해, 또 갤러리를 통해 관람 후 무엇을 얻어갈 수 있을지를 생각해 보도록 합니다.

학생들의 지원서를 선착순으로 접수하여 참가자를 선정하는데 학교나 학부모를 통하지 않고 학생 스스로 지원하게 합니다. 이는 TY의 교육적 목적이 학생 스스로 사회와 소통하도록 하는 것이기 때문입니다.

갤러리에서는 직업체험 기간 동안 학생들에게 무엇을 자세히 설명하고 가르쳐주기보다는 학생이 무엇을 원하는지, 무엇을 할지 스스로 생각해 보고 자기 자신에게 질문해 보도록 하는 경험을 갖게 하고 있습니다.

내셔널 갤러리 교육 담당자의 말에 의하면 TY 프로그램을 체험한 학생들 중에는 대학 진학 후 다시 갤러리를 찾아 자원교육 봉사를 하는 경우도 많다고 한다. 잘 구성된 TY 프로그램은 직업체험을 한 학생들에게도 도움이 되고 TV 프로그램을 운영하는 갤러리에도 도움이 되는 좋은 예라고 할 수 있을 것이다.

그 외 내셔널 갤러리 TY 교육

내셔널 갤러리에서는 교사들에게 TY 기간에 학생들을 가르칠 수 있는 다양한 교육매뉴얼(Teacher's Guideline)을 제공한다. 예를 들어, 인상주의 작품에 대한 교육을 하겠다고 하면 갤러리 소장 작품 중에서 15개의 작품들을 선정하여, 각 작품들의 배경지식(시대적 배경, 작가에게 영향을 준 것, 인상주의 작품들의 탄생에서 발전까지의 과정 등), 작가의 일생, 토론 주제, 다른 과목과의 연계, 체험수업, 예술용어 및 관련 문학작품들, 참고할 수 있는 도서 등의 정보를 제공한다. 그중 인상적인 것은 다른 과목과의 연계(Cross-Curricular Links)활동이다. 1880년대 드가(Degas)의 'Two Ballet Dancers in Dressing Room'이라는 작품을 관람하면서 6개 과목과 연계한 수업방법을 살펴보면 아래와 같다.

내셔널 갤러리에서 그룹수업을 받고 있는 학생들

- 미술 과목 : 사진이나 그림을 통해 춤을 추거나 운동을 하는 사람들의 모습을 관찰해 형체가 만들어내는 공간과 여백을 관찰하여 그린다.
- 과학 과목 : 움직이고 춤을 추는 원리에 대해 토론하고, 인체 해부학 및 생리학에 대해 공부한다.
- 지리 과목 : 여러 지역과 국가들의 전통의상과 춤에 대해 알아보고 각각의 상징들에 대해 비교 대조한다.
- 음악과 드라마 과목 : 춤 안무와 디자인 영역에 대해 알아본다.
- 글쓰기 과목 : 예를 들어 한 가지 주제(예술가의 삶)를 놓고 어떻게 생각하는지 글로 써보게 한다. 더불어 동시대의 예술가들이 직면했던 어려움들에 대해 토론해 본다.

이렇듯 모든 배움에는 융합교육이 적용되고 있는 것을 알 수 있다. 아일랜드에서 전환학년제 기간동안 이루어지는 모든 활동들은 형식적으로 이루어지는 것이 아니라 학생들의 꿈과 적성을 찾으려는 목적에 맞게 구체적으로 여러 분야에서 실행되고 있음을 온몸으로 느낄 수 있었다.

전환학년제 성공을 위한 노력

나를 발견하고 성장하는 시간

나를 발견하고 성장하는 시간

1. 학생들의 노력

오늘은 TCD 대학 TY 프로그램의 마지막 날이다. 한 주간의 TY 프로그램 진행이 모두 끝나고, 마지막 날 오후 포스터 세션에서는 프로그램 참가 학생들이 강의실에 하나 둘씩 모여들었다. 한 주간 연구한 프로젝트 결과물들을 발표하고, 다른 친구들의 작품을 관람하며 질문하는 시간을 갖기 위해서이다. 또 한 주간의 프로그램을 마무리하고 그동안 학생들을 가르친 교수님, 도움을 받은 대학 선배들과 아쉬운 작별 인사를 하는 시간이다. 그곳에서 참가 학생들(키아쉴 15세, 헤프넌 16세, 토니하트 16세, 제임스 16세, 콜먼 15세)을 만나 TY 프로그램과 학생들의 경험 및 생각들을 들어보았다.

대학 학과체험 마지막 날. 학생들은 아쉬움을 달래며 교수님, 대학생 멘토들과 기념 촬영을 하고 있다.

Q 어떻게 대학 TY 프로그램 과정에 참여하게 되었나요?

향후 대학 학과 선택 시 어떤 학과가 있는지 직접 체험해 보고 선택의 폭을 넓히기 위해서입니다. 시니어 사이클(고교과정)에서 2년간 더 공부 해 대학에 진학해야 하는데 대학입학을 위한 고교 졸업시험 과목 중 선택 과목이 있습니다. 이 대학 학과체험 과정들을 경험하고 내가 어떤 과목을 좋아하는지, 아닌지를 생각해 본 후 선택과목들을 결정할 예정입니다.

Q 물리학과 프로그램을 체험했는데, 앞으로 물리학을 전공할 생각인가요?

TY를 통해서 과학, 의학 등 여러 전공들을 생각하고 있는데 물리학도 그중 하나입니다.

Q TCD 대학 프로그램 과정은 어떻게 알게 되었나요?

이 과정의 경우에는 학교 TY 코디네이터 선생님이 학교 전체에 공지를 합니다. 우리 학교는 TY가 선택사항이지만 95% 이상이 참여하고 있습니다.

Q 앞으로 직업체험은 어떤 것들을 추가로 할 예정인가요?

TCD 대학 프로그램 과정이 끝나면 다음 주에는 병원 및 화학 연구실에서 직업체험을 1주간 할 예정입니다. 우리는 앞으로의 전공을 고려해 직업체험장을 정하는데 저의 경우는 병원에서 할 예정입니다. 다른 친구들은 초등학교, 약국 등에서 직업체험을 하는 경우도 많은데 보통 자신의 관심과 미래 직업을 고려해 체험장소를 정합니다.

Q 학생들은 어떻게 TY 프로그램들을 선택하나요?

우리 학교의 경우 14개의 선택과목과 체험활동 등이 있어서 여러 활동을 선택할 수 있습니다. 어떤 학교는 TY 참여가 선택사항인데, 우리 학교는 의무적으로 전체 학생이 참여해야 합니다. TY가 선택인 학교에서도 소수를 제외하고 대부분의 학생들이 참여한다고 들었습니다. 학생들은 대부분 TY에 참여하고 싶어 합니다.

Q 왜 학생들은 TY 프로그램에 참여하고 싶어 하나요?

무엇인가를 선택하기 전에 그것에 대해 미리 경험해 보기를 원하기 때문입니다. TY 기간 동안 여러 체험 학습들을 통해 자신이 무엇을 좋아하는지 찾고, 알아볼 수 있기 때문에 다들 TY에 참여하고 싶어 합니다.

Q TY 과목은 어떻게 선택했나요?

학교에서 진행하는 것들은 크게 직업체험, 외부 장소견학, 대학 프로그램 참여, 스포츠활동(서핑, 스키 등), 외부강사 강연 등이 있는데 그중에서 관심분야를 선택합니다.

Q 학교에서 적성검사를 받아 보았나요?

예, TY 기간 동안 한 번 적성검사를 받았습니다. 검사 결과는 제가 수학은 잘하는데 물리학에는 관심이 없는 것으로 나왔습니다. 또 실제로 관심이 없기도 했고요. 그런데 이 TY 프로그램 과정을 통해 물리에 대해 잘 알 수 있게 돼서 만족스럽습니다. 적성검사 결과는 참고만 할 뿐입니다.

Q TY 프로그램과 미래의 직업 선택은 서로 관련성이 있나요?

예, 이런 프로그램을 통해 과학에 대해 알 수 있고 과학 관련 직업에 대해 생각해 볼 수 있는 기회를 갖습니다. TY 프로그램을 통해 관련 일을 하는 과학자들을 만나고, 궁금했던 것들을 물어보고 그들에게 직접 관련 직업에 대해 들을 수 있는 기회를 갖게 되어 좋습니다.

Q 학력 저하에 대한 걱정은 하지 않나요?

아니오, 전혀 걱정하지 않습니다. TY 기간 중에도 많은 것들을 배우고 있고, 또 그것들이 앞으로 대학진학을 위한 과목을 선택하는 데 꼭 필요한 것들이기 때문이죠. 전체적으로 볼 때 TY를 통해 제 자신이 더 많이 성장하고 있다는 것이 느껴집니다.

알고 선택하는 것과 모르고 선택하는 데는 큰 차이가 있을 거라고 생각합니다. 부모님 또한, 제가 TY를 경험한 후 잘 숙고하고 선택해서 학과를 정하고 대학에 가는 것이 바람직하다고 생각하십니다. 또 TY 기간 동안, 외부활동, 직업체험 등을 통해 여러 방면에서 다양한 역량 등을 키울 수 있습니다.

TY 기간 중에도 많은 것들을 배우고 있고, 또 그것들이 앞으로 대학진학을 위한 과목을 선택하는 데 꼭 필요한 것들이기 때문이죠. 전체적으로 볼 때 이 TY를 통해 제 자신이 더 많이 성장하고 있다는 것이 느껴집니다.

Q 필수 과목 수업시간이 줄어드는 것에 대해서는 어떻게 생각하나요?

비록 필수 과목 수업시간이 줄어들긴 하지만 TY 활동으로 많은 것을 얻고 있다고 생각합니다. 예를 들어, 물리학의 경우 이렇게 대학에 와서 실제로 실험도 해보고, 전공 교수님에게 여러 가지 방법을 사용해 물리학에 대해 배울 수 있고, 다양한 체험위주의 수업이 진행되어 많은 것을 얻어 갈 수 있다고 생각합니다.

Q 현재 TY 프로그램에 대해 만족하나요?

저희 학교에서 진행하는 TY 과목들에 대해 대체적으로 만족합니다. TY 기간 동안 여러 가지 스킬 등을 배울 수 있어서 좋습니다. 아쉬운 점은 저희 학교에 보다 많은 외국어 과목이 개설되었으면 합니다. 또 선생님들과 과목에 따라 편차가 있기도 한데, 어떤 과목은 특성상 TY가 잘 안 맞는 과목도 있는 것 같습니다.

Q TY가 꼭 필요하다고 생각되나요?

그렇습니다. 대학을 가려면 고교 졸업시험을 쳐야 하는데 학생들 모두

TY 프로그램에 대해 자신들의 의견을 너무도 똑 부러지게 이야기하는 아일랜드 15~16세 학생들

시험에 대한 중압감이 무척 큽니다. 학교생활은 계속 시험의 연속이라고 할 수 있죠. 중·고등학교 6년 동안 시험 준비만 한다면 자신이 무엇을 원하는지에 대해 생각해 볼 시간이 없을 것 같습니다. 그렇기 때문에 이러한 TY 기간이 필요하다고 생각합니다. 이 기간은 우리에게 성숙의 시간입니다. 물론 이러한 기간 없이 바로 대학에 진학할 수도 있고, 그것이 표면적으로 볼 때 더 빠른 길이라고 생각할 수도 있습니다.

하지만 만약 이런 기간 없이 선택과목과 학과를 정해서 대학에 갔을 경우, 자신에게 맞으면 괜찮지만 만약 이게 아니다 싶으면 다시 또 다른 것을 시작해야 하는 경우도 있습니다. 예를 들어, 의대에 진학하겠다고 열심히 공부해서 들어갔는데 가 보니 의대가 적성에 안 맞는 경우, 저는 그것이 더 시간과 노력의 낭비가 아닐까라는 생각을 합니다. TY는 자신에 대해 분석해 볼 수 있는 시간입니다.

Q 앞으로 대학진학을 하고 싶은지, 아니면 취업을 하고 싶은지요?

대학진학을 할 예정입니다. 학위를 받고 자격증 등을 취득해서 보다 나은 직업을 갖고 싶습니다.

Q 대학 TY 프로그램에서 좋았던 점은 무엇인가요?

진짜 과학자들을 만날 수 있었던 것과 전문가로부터 물리학에 대해 들을 수 있어서 너무 좋았습니다. 또 새로운 친구를 사귈 수 있었던 기회와 무엇보다 물리가 흥미로운 학문이라는 것을 알게 되어 좋았습니다. 학부생 및 박사과정 대학원생들의 멘토링를 받으며 다른 친구들과 리서치하고 토론하면서 프로젝트 결과물을 만들어 보는 체험도 물리학을 이해하는 데 큰 도움이 되었습니다. 대학 멘토 선배와 학생 2명이 한 팀이 되어 미니 프로젝트를 진행하였는데, 프로젝트를 하면서 우리가 어려워하는 부분들은 멘토 선배가 잘 설명해 주어서 이해가 잘 되었습니다. 이 프로그램을 통해 물리학에 대해 새로 알게 되었으며, 좀 더 관심 있게 조사해서 앞으로 전공을 선택할 때 참고해 볼 생각입니다.

전환학년제에 대한 TCD 대학생 인터뷰

Q 언제 대학에 진학하기로 결심했나요?

어렸을 때부터 부모님들이 대학진학을 바라시는 것을 느꼈습니다. 정확히 언제인지 기억하기는 어렵지만 TY 과정 이후에 좀 더 구체적으로 생각했습니다.

중 · 고등학교 6년 동안 시험 준비만 한다면 자신이 무엇을 원하는지에 대해 생각해 볼 시간이 없을 것 같습니다. 그렇기 때문에 이러한 TY 기간이 필요하다고 생각합니다. 이 기간은 우리에게 성숙의 시간입니다.

Q 학생은 어떤 TY 프로그램을 선택했었나요?

우리 학교에는 많은 과목이 있었는데 그중 저는 스포츠, 영화 촬영, 마셜 아트 등을 선택했습니다. 물론 제가 지금 대학에서 전공하는 학과와는 관계가 멀지만, TY는 제가 평소 잘하지 않았던 다른 다양한 과목들을 접할 수 있는 좋은 기회였습니다.

Q 학교 TY 프로그램은 왜 선택하게 되었나요?

제가 다닌 고등학교는 St. Andrews College인데 그곳은 의무적으로 학생 전체가 모두 TY를 선택해야 합니다.

Q TY가 대학진학에 도움을 주었는지요?

아일랜드에서는 대학입학 시 시험점수만을 산정하여 신입생을 뽑기 때문에 TY 과정이 대학입학에 직접적인 영향을 주진 않습니다.

Q TY 과정에서 시험을 치르지 않는 것에 대해 학력저하에 대한 우려는 없었는지요?

제 생각에 잃는 것이 있으면 얻는 것도 있다고 생각합니다. 시험을 치르지 않아 학력이 저하될 수도 있다고 생각할지 모르지만, 저는 그 기간 중 좀 더 저의 진로와 학업에 대해 넓게 볼 수 있는 시야를 가질 수 있는 계기가 되었다고 생각합니다.

그리고 TY 과정 중에 필수 과목들은 수업을 진행합니다. 그 과정에서 진행되는 교과 수업들은 시험 위주가 아닌 좀 더 다양한 교수법으로 진행되기 때문에 오히려 이해하기 쉬웠고 결과적으로 시험점수를 올리는 데에도 도움을 주었습니다. 저의 경우는 수학에서 도움을 많이 받았습니다.

Q 외부활동 직업체험은 어땠나요?

저는 체험하고 싶은 직업체험장에 직접 편지로 지원하여 채용답변을 받았습니다. 1주일은 병원에서 직업체험을 했고, 1주는 로펌에서 직업체험을 했습니다. 로펌의 경우 친구의 가족 중 한 분이 그곳에서 일하고 계셔서 그분을 통해 직업체험을 할 수 있었습니다.

직업체험의 경우 학생들이 직접 그곳에서 무엇을 하기보다는 그곳 직원들이 어떤 일을 하는지 참관하는 경우가 많습니다. 보조업무, 서류 및 파일정리 등을 학생들이 합니다. 회사에서는 체험기간 동안 학생들을 평가하고 리포트를 학교로 보내줍니다.

Q TY에 대해 어떻게 생각하나요?

잘 구성된 프로그램은 학생들이 자신의 진로를 생각해 보고 결정하는 데 큰 도움이 된다고 생각합니다.

2. 학교·교사·학부모의 노력

웨슬리 컬리지 교사와 TY 성공을 위한 대화

Q 아일랜드의 TY 교육과정 설계는 학교의 재량에 따른 것이라고 들었습니다. 교육부가 관여하지 않음으로 다양하고 창의적인 교육과정이 나올 수도 있지만, 한편으로는 매년 교육과정을 디자인하는 데 학교의 어려움도 있을 것 같습니다. 이 부분을 어떻게 생각하는지요?

예, 학교별로 차이가 있습니다. 매우 훌륭한 프로그램을 설계하여 실천하는 학교들도 있고, 프로그램 설계부터 어려움을 겪는 학교들도 있습니다. 왜냐하면 어떤 학교에서는 TY 이수 여부가 선택사항으로, 모든 학생이 TY에 참여하지 않을 수 있고, 각 학교의 의지 및 교사들의 협력여부에 따라 프로그램 질이 달라질 수 있기 때문입니다. 교육부에서 구체적으로 어떻게 하라는 지시를 하지 않기 때문에 해당 학교 및 교사가 TY 교육에 대해 열정이 부족한 경우, 좋은 TY 프로그램을 디자인하기가 어렵습니다.

우리 학교의 경우는 TY 프로그램 개발에 모든 교사가 참여하고 있는데 이는 전교생이 TY에 참여하고 있기 때문입니다. 실제로 전교생이 참여해야 모든 교직원이 관여하게 되기 때문에 학교에서 TY 진행 시 전교생의 참여는 매우 중요합니다.

예를 들어, 전교생이 참여했을 경우 모든 교과목 교사가 TY 수업에 대한 교과과정에 참여함으로써 소수의 교사가 아닌 모든 교사가 서로 논의하고 다양한 아이디어를 내어 교과과정을 설계합니다.

전교생이 참여하지 않는 경우, TY는 개별로 한두 과목 수업에서 진행되는데 이럴 경우 소수의 교사가 이를 담당하여 진행해야 되기 때문에 어려움이 있습니다. 또 교사들이 TY 수업에 대해 관심이 없는 경우에도 좋은 교과과정을 설계하는 데 어려움이 있습니다. 각 학교의 환경에 따라 TY는 흥미진진해지기도 하고, 시간을 허비하는 과정이 될 수도 있습니다.

우리 학교는 TY 기간 동안 144명 전체 학생들이 참여하고 있는데 참여 수가 많아서 어려운 점도 있긴 하지만 이는 외부활동을 할 경우에만 해당됩니다. 외부활동의 경우 학생 수 및 장소들을 잘 조율해야 하지요. 하지만 전체적으로 보면 전교생들이 참여하는 것이 바람직합니다.

Q TY와 관련해 학부모, 학생들과는 어떻게 소통하나요?

학부모간담회는 학생들의 전환학년제가 시작(9월)되기 6개월 전, 2월에 시작됩니다. 이때 '전환학년 설명회의 밤(Transition Year Information Evening)'을 통해 해당 학년 학부모들에게 먼저 TY에 대해 소개하고, 작년과 달라진 점 등을 전달합니다. TY의 철학과 TY 기간 동안 우리가 기대하는 것들에 대해 이야기하면서 어떤 선택과목이 있는지, 어떤 교육적 성과가 있는지 등을 얘기합니다.

또한, 이런 과정들을 통해 커리큘럼, 외부활동, 직업체험, 봉사활동 등에서 학부모들이 무엇을 원하는지에 대한 의견도 받습니다. 그것들을 바탕으로 그해 TY를 기획하고 준비하게 되는 것이지요.

학생들은 일주일에 4번, 거의 매일 담임교사와 TY 관련 수업 및 활동에 대해 대화하고 TY 코디네이션 교사는 일주일에 4번 각 담임교사들과 미팅을 통해 지속적인 피드백을 받습니다. 학부모들은 자녀의 담임교사로부터 1년에 3번 TY 리포트(성적표)를 받는데 모든 과목이 포함된 종합적인 리포트를 받습니다. 학년 말인 5월에는 TY 수료식을 하며 학부모들이 참석하게 됩니다. TY 학기 중에는 'Weekly Newsletter'를 학교 홈페이지에 탑재하여 한 주간 진행계획 및 진행상황들을 학생 및 학부모들이 실시간 볼 수 있도록 하고 있습니다.

이밖에 공식적으로 나가는 리포트 외에는 학부모들과 공식 간담회를 하지는 않습니다. 그 이유는 TY 1년간 많은 과목이 진행되고 학생들이 여러 선택과목들을 바꿔가면서 듣게 되기 때문에 학부모가 TY 관련 모든 담당교사를 만나기는 어렵기 때문입니다.

해당 학년 학부모들에게 먼저 TY에 대해 소개하고, 작년과 달라진 점들을 전달합니다. TY의 철학과 TY 기간 동안 기대하는 것들에 대해 이야기하면서 어떤 선택과목이 있는지, 어떤 교육적 성과가 있는지 등을 얘기합니다.

예를 들어, 과학의 경우 학생들이 과학의 다른 세부과목들을 접해 볼 수 있도록 하기 위해 Cosmetic Chemistry, Biology, Astronomy 등 5주에 한 번씩 새로운 과목들로 바꾸고 6명의 교사들이 이를 담당합니다.

하지만 학부모나 교사가 서로 소통하고자 한다면 전화나 면담을 통해 언제든 대화할 수 있습니다. 또 학기 초에 학부모들에게 적극적으로 의견 및 피드백을 달라고 부탁합니다.

Q 한국에서도 '자유학기제'라는 이름으로 이 제도를 시행하고자 하는데 이 제도에 대한 우려의 목소리도 있습니다. 교사들의 경우 새로운 교육과정에 대한 업무 부담도 있고요. 이 제도에 있어서 교사들의 역할이 매우 중요한 것 같습니다. 어떻게 TY에 대한 교사들의 관심과 열정을 이끌어낼 수 있었나요?

교사들의 관심과 열정을 이끌어내는 것은 무척 어려운 주제인데, 무엇보다 학교가 TY에 대해 가치 있다고 생각하는 것이 중요합니다. 학교가 이 제도에 대해 가치를 두지 않는다면 이는 제대로 진행되기 어렵습니다. 특히 교장 선생님이 TY에 대해 큰 가치를 두는 것과 모든 교사가 이를 중요하게 생각해야 합니다.

만약 학교에서 몇몇 교사만 이에 참여할 경우, 나머지 교사들은 이를 중요한 교육과정이 아니라고 생각할 수 있습니다. 또 교사들이 TY가 중요한 것이 아니라는 태도를 취한다면 학생, 학부모 또한 같은 생각을 갖게 됩니다.

무엇보다도 학교가 TY는 매우 중요한 교육과정이라는 확신을 갖는 것이 중요합니다. 만약 학교가 그런 생각을 갖는다면 모든 사람이 같은 생각을 하게 될 것입니다

제 경험을 이야기하자면, 저는 교사들에게 늘 이렇게 이야기합니다.

"당신은 왜 교사가 되려고 했나요? 우리는 돈과 편안함 때문에 교사라는 직업을 선택한 것이 아닙니다. 교사는 정말 내가 가르치고 싶은 것을 가르칠 때 보람을 느끼는 사람들입니다. 그러기에 교사는 존경을 받습니다. 만약 당신이 TY를 통해 학생들을 가르치게 된다면 이것은 의미 있고 행복한 교육과정이 될 것입니다."라고 말이죠.

현 시험점수 위주의 교육 시스템에서 학생들을 가르치는 교사들은 자신들이 학생들을 가르치고 교육한다는 생각보다는 시험 준비를 시키는 사람이라는 생각이 들 수도 있습니다. 학생들뿐만 아니라 학부모들도 이건 시험과 연결되는 것이니 배워야 한다는 생각을 하지요.

> 저는 교사들에게 "TY는 당신이 진정한 교사가 될 수 있는 단 한 번의 좋은 기회입니다."라고 항상 말합니다. 이 기간 동안은 시험 준비에 대한 부담 없이 자신이 가르치고 싶은 방식으로 자유롭게 교육할 수 있는 좋은 기회이기 때문입니다.

저는 교사들에게 "TY는 당신이 진정한 교사가 될 수 있는 단 한 번의 좋은 기회입니다."라고 항상 말합니다. 이 기간 동안은 시험 준비에 대한 부담 없이 자신이 가르치고 싶은 것을 다양한 방식으로 자유롭게 교육할 수 있기 때문입니다.

그 결과 "그래요. 저도 그렇게 하고 싶어요."라며 많은 교사가 이에 호응해 주었습니다. 저는 교사들에게 TY 기간 동안에는 내가 가르치고 싶은 방식으로 자유롭게 가르치라고 말합니다. 이렇게 교사들의 열정을 이끌어내고 있습니다.

Q 전환학년제(TY)에 있어서 학부모의 역할은 어떤 것이 있나요?

학부모의 역할은 절대적으로 중요합니다. 학부모들의 TY에 대한 이해는 수업을 진행하는 데 큰 도움이 되지요. 저는 첫 TY 설명회 때 학부모들에게 "TY는 노는 학년이 아니며, 시간낭비가 아닙니다."라고 항상 강조합니다. TY 기간 동안 학생들은 다양한 종류의 과제를 하게 되는데 부모가 생각하기에 그것이 과제로 보이지 않을 수도 있기 때문에 실제로 과제라는 것을 알려줍니다.

또한, 학부모가 자녀들에게 TY 기간이 중요하며 내실 있게 보내야 한다고 격려해 주는 것은 매우 중요합니다. 만약 자녀가 한 번도 스포츠를 접하지 않았다면 이 기회에 스포츠 관련 활동을 시도해 보도록 격려하는 등, 그 동안 해보지 않은 무엇인가를 경험해 보도록 격려해 주는 것이 중요합니다.

TY 기간에 학부모들이 자원해서 직업에 대한 강의를 해주기도 합니다. 우리 학교의 경우 매주 수요일에는 외부강사들이 와서 수업을 하는데, 대부분이 커리어에 대한 것으로 학부모들이 강사로 자원하여 참여해 주고 있습니다. 실제 다음 주에는 건축가인 학부모가 와서 강의해 줄 예정입니다. 또 학부모가 속한 협회나 학부모의 친구들이나 동료들이 자원하여 커리어에 대한 강의를 해주고 학교에서도 적극적으로 이를 권장합니다. 이밖에 학부모들이 자신이 일하는 곳을 직업체험장으로 제공하기도 합니다.

한국의 자유학기제 성공을 위한 TCD 대학 교수의 조언

Q 한국에서 TY가 성공적으로 운영되기 위한 조언을 해주신다면 어떤 것들이 있을까요?

아일랜드에서 TY는 갑자기 정착된 것이 아닙니다. 프로그램의 장점을 오랜 시간에 걸쳐 조금씩 받아들인 것입니다. 인적·물적 자원의 문제가 있긴 하지만 1,2주간 이런 프로그램을 한두 번 진행하고 마는 것이 아니라, 몇 년에 거쳐 지속적으로 멘토링하는 프로그램이 있는 것이 중요합니다.

본 대학에서는 이 과정뿐만 아니라 이러한 과정 후에 학부생들을 대상으로 10주간 여름 인턴십 프로그램을 운영하고 있습니다. 실제로 실험도 해보고, 보다 구체적인 경험을 할 수 있도록 하기 위해서지요.

제 생각에는 이 제도를 위해서는 사회적인 큰 합의가 필요합니다. 가정, 학교, 국가, 기업의 협조를 얻어 모두 한마음으로 이를 진행한다면 반드시 성공할 수 있을 것입니다. 기업의 경우 인텔 아일랜드 같은 큰 기업이 이를 적극적으로 도와서 성공할 수 있었습니다. 다른 기업들을 선도했지요.

전환학년제를 경험하고 대학에 진학한 이들은 TY에 대해 긍정적인 생각을 갖고 있다.

소수만이 참여하고 진행한다면 이 제도는 성공하기 어렵습니다. 이는 모든 나라가 다음 세대를 위해 열심히 준비하며 뛰고 있기 때문입니다.

기업 프로그램의 경우 학생들은 기업의 프로그램을 통해 그 기업에 대해 좀 더 잘 알게 되고, 자신들에게 잘 맞는 일인지 미리 체험해 볼 수 있어서 큰 도움이 됩니다.

한국에서는 자유학기제를 13세에 한다고 했는데 학생들이 자신의 진로를 결정하는 데 조금은 이른 나이인 것 같습니다. 16세는 되어야 진지하게 생각할 수 있지 않을까요? 따라서 한국은 중고등학교에서 한 학기씩 두 번에 걸쳐 하면 효과적일 것 같다는 생각이 드네요. 혹은 3개월씩 두 번 하는 것도 한 방법이고요. 처음 시작부터 장기적인 안목을 가지고 기획하는 것이 좋을 것 같습니다.

Q TY가 성공하기 위해 가장 필요한 것은 무엇일까요?

저는 항상 학부모들과 학생들에게 이렇게 말합니다.

'You will get all from what you input in it.'

이 기간 동안에는 열정 이상의 것이 필요합니다. 모든 주체들이 TY 기간 동안 노력한 만큼 거두어들입니다. 가장 중요한 것은 이 제도에 대해 학교, 학부모, 학생, 교사, 지역사회 등 모두가 큰 가치를 두어야 한다는 사실입니다. 소수만이 참여하고 진행한다면 이 제도는 성공하기 어렵습니다. 이는 모든 나라가 다음 세대를 위해 열심히 준비하며 뛰고 있기 때문입니다.

3. 기업 및 지역사회의 노력

    아일랜드에 있으면서 많은 사람을 만나고 전환학년제에 대해 물었을
때 놀라웠던 점은 특별히 교육기관에 종사하지 않는 사람들도 전환학년제
가 무엇이며, 학생들이 어떤 활동들을 하는지에 대해 잘 알고
있었다는 점이다. 중등학교와 대학뿐만 아니라 기업, 상점,
병원, 은행, 보험회사, 도서관, 미술관, 박물관, 우체국 등 거
의 모든 곳에서 전환학년 학생들을 위한 크고 작은 프로그램
들을 가지고 있을 뿐만 아니라, 국가의 지원이나 후원 없이도
적극적으로 운영되고 있었다. 언뜻 생각하면 비용도 들고 다
소 번거로울 수 있는 이 과정들에 대해 그들은 전혀 이런 일
련의 과정들을 귀찮아하지 않고 다음 세대를 위한 기성세대

아일랜드에 있으면서 많은 사람
을 만나고 전환학년제에 대해 물
었을 때 놀라웠던 점은 특별히 교
육기관에 종사하지 않는 사람들
도 전환학년제가 무엇이며, 학생
들이 어떤 활동들을 하는지에 대
해 잘 알고 있었다는 점이다.

들의 당연한 지원 내지는 내가 속한 지역사회에 대한 봉사라는 생각이 강
하였다. 오히려 학생들의 소중한 시간을 낭비하지 않게 하기 위해 자신들
의 프로그램들이 효과적으로 설계되고 운영되어야 한다는 생각이 강하다
는 점은 매우 인상적이었다.

아일랜드 국립박물관   아일랜드 중앙우체국

인텔 아일랜드(Intel Ireland)의 TY 프로그램

인텔 아일랜드의 경우 다양한 프로그램들로 TY 학생들을 지원하고 있다. 이 프로그램들의 운영 목표는 학생들이 직업적인 관점에서 과학(Science), 기술(Technology), 공학(Engineering), 수학(Math) 즉, STEM를 이해할 수 있는 기회를 제공하고, 인텔과 같은 하이테크 산업에 대한 청소년들의 관심을 높이도록 하는 것이다. 또한, 21세기에서 필요로 하는 발표 능력, 협동심, 창의적인 사고력, 문제해결 능력들을 향상시키는 데 도움을 주기 위해 운영된다. 이 프로그램을 통해 창업가적인 마인드와 혁신적인 사고를 학생들이 경험할 수 있게 한다.

인텔 아일랜드에서 운영하는 TY 프로그램은 다양하다. 그 운영방식을 크게 세 가지로 나누어 보면, 인텔 자체 프로그램, 인텔을 포함한 다른 기업들과의 연합 프로그램, 대학과 연계한 프로그램 등으로 나누어 볼 수 있다.

(1) 인텔 아일랜드 자체 프로그램

인텔 아일랜드에서는 3가지 종류의 자체 프로그램을 가지고 있는데, 그중 The Intel Experience Program은 1주일간 워크숍과 체험활동에 참여하여 공학과 과학에 대한 통찰력을 기를 수 있도록 하는 과정이다. 1년에 2회 진행하며, 한 과정에 10~12명의 학생들이 참가하고 있다. 직업 체험의 경우 대규모의 학생들이 단기간 방문하기보다는 모든 활동을 소그룹으로 구성하는 것을 기본으로 하고 있는데 이는 실제로 깊이 있는 현장활동을 체험하기 위함이다.

인텔 아일랜드

Cutting Edge Session은 90분 동안 강의 형식으로 기술과 공학, 과학 관련 직업을 소개하는 과정이다.

Social Innovation & Entrepreneurship은 2일간 진행되는 교육 캠프로서 창의적인 아이디어로 어떻게 소비자가 선호하는 아이템을 가지고 창업을 할 수 있는지에 대해 교육하는 프로그램이다.

학교수업에서 배운 이론을 실제 현장에 적용시키는 방법을 경험할 수 있는 이 교육 과정은 온라인 교육플랫폼도 제공하여 많은 TY 학생이 참여하고 배울 수 있도록 설계되어 있다.

또한, 많은 학생에게 참가 기회를 주기 위해서 아일랜드 각 지역마다 1차 캠프장소를 설치하여 운영하고 학생들이 소그룹으로 그곳에 참가하여 캠프를 경험하도록 한다. 인원 및 장소의 제약을 극복한 좋은 사례라 할 수 있다.

1차 교육 후 좋은 아이디어를 낸 팀들은 인텔 아일랜드 본사에서 진행하는 결선 과정에 참여한다. 이 프로그램은 학생들에게 일상생활에서 필요한 것이 무엇인지를 생각하게 하고 혁신적인 사고와 기술에 대한 교육 후, 그 안에서 창업 아이템은 무엇이 있는지를 스스로 생각해 볼 수 있도록 설계되어 있다.

이 캠프는 6개의 과정으로 구성되어 있는데 이를 살펴보면,

1일차

- 이해(understanding) : 참가자들은 실생활에서 필요한 부분들을 생각해 보고 이것들이 혁신적 사고의 기회가 될 수 있음을 안다. 학생들은 관련 자료를 찾으며 문제 해결 방법에 대해 연구한다.
- 사용자(User) : 혁신의 단계에서 가장 중요한 것은 사용자의 니즈를 파악하는 것임을 이해하고 사용자를 분석해 본다.
- 기술(Technology) : 혁신은 신기술의 개발 또는 기존 기술의 활용에 기반함을 이해하고 신기술의 접근방법 및 분류방법들에 대해 배운다.

2일차

- 아이디어 내기(Ideation) : 이는 가장 중요한 단계로, 학생들이 창의적인 아이디어를 낼 수 있도록 돕기 위해 인텔에서 고안해 낸 3단계 모델을 배운다.
- 발표(Pitch) : 발표는 짧은 시간 안에 정확하게 이루어지도록 하며, 중요점을 효과적으로 강조하여 청중들이 학생들의 아이디어에 공감할 수 있도록 한다.

• 지속(Continue) : 이 과정 후에도 관련 정보를 제공하여 학생들의 아이디어가 지속적으로 진화하여 실생활에 적용될 수 있도록 지원한다.

(2) 다른 기업들과의 연합 프로그램

인텔 아일랜드, 마이크로소프트 아일랜드, 아일랜드 중앙 우체국이 후원하는 'Log on, Learn' 프로그램은 2008년에 시작되었다. 이 프로그램은 TY 학생들이 자신이 속한 지역에서 컴퓨터 사용이 익숙하지 않은 할머니, 할아버지들께 컴퓨터 사용 및 활용법을 가르쳐드리는 교육 봉사 프로그램이다. 학생들은 커리큘럼을 짜서 학교 교실에서 어르신들을 모시고 일대일로 교육을 진행한다. 학생들은 이 과정을 통해 자신이 알고 있는 지식을 지역사회 어른들과 나누고 반대로 어르신들의 인생 이야기를 들으면서 타인의 삶을 이해하고 그 속에서 자신의 미래에 대해 생각해 볼 수 있는 기회를 갖는다.

(3) 대학과 연계한 프로그램

인텔 아일랜드는 TCD(Trinity College Dublin)대학의 Science Gallery가 주관하는 'Week Long Mentoring' 프로그램도 후원하고 있는데, TY 학생들이 1주일 동안 과학자들, 엔지니어, 예술가, 창업가들과 만나 그들의 이야기를 듣고 실제 관련 직종의 일을 체험해 본다.

학생들은 실험실, 연구실을 방문하고 전시물 관람, 발표, 대화 등을 통해 자신의 진로에 대해 생각해 볼 수 있는 기회를 갖게 되는데, 이와 더불어 학생들은 전문가들의 멘토링을 받으며 자신이 생각해 낸 프로젝트 아이디어를 발전시킬 수 있는 기회도 갖는다.

인텔 아일랜드의 경우 오랜 기간 동안 TY 프로그램을 운영하면서 다양한 프로그램을 개발하고 진행하였다. 인원, 장소 등에 대한 제약을 극복하기 위해 노력하고, 일회성 보여주기식 행사가 아니라 학생들에게 실질적으로 도움을 줄 수 있는 프로그램들을 제공하려고 끊임없이 노력하고 있다. 인텔의 이러한 노력은 다른 기업들이 TY의 중요성에 대해 생각하도록 이끌었다. 인텔의 다양한 TY 프로그램 운영 모델은 지역사회 발전을 위한 기업의 지원 및 기여에 대한 모범 사례라 할 수 있을 것이다.

병원의 TY 프로그램

1784년 설립된 [Royal College of Surgeons in Ireland 이하 RCSI]는 아일랜드 최고의 의료전문기관이며, 부속으로 Beaumont Hospital 종합병원을 가지고 있다. 의학, 약학, 간호학, 물리치료학 능의 의료전문인들을 배출해 내고 있는 RCSI는 230여 년의 오랜 전통과 더불어 아일랜드의 의료교육과 활동에 중심 역할을 하고 있다.

RCSI에서는 전환학년 학생들을 위해 매년 'Mini Med Programme'을 운영하고 있는데 Dublin과 Waterford 두 군데 지역에서 매년 130명과 120명씩 총 250명의 학생들을 대상으로 직업체험활동 프로그램을 운영한다. 이 프로그램은 의료 전문가를 꿈꾸는 학생들이 의학을 경험해 볼 수 있는 기회를 제공하기 위해서 운영되는 것이다. 이 과정을 위해서 의과대학장 및 각 학과장들로 구성된 위원회가 구성되어 있을 정도로 이 과정은 학교 안 모든 구성원의 큰 관심을 받으며 진행되고 있다.

인텔 아일랜드의 경우 일회성 보여주기식 행사가 아니라 학생들에게 실질적으로 도움을 줄 수 있는 프로그램들을 제공하려고 끊임없이 노력하고 있다. 인텔의 이러한 노력은 다른 기업들이 TY의 중요성에 대해 생각하도록 이끌었다.

이 프로그램은 아일랜드에서 매우 인기 있는 프로그램으로 매년 한 주간 진행되며, 각 학교를 통해 신청을 받아 추첨으로 참가 학생들을 선발한다. 참가 학생들은 실제 의학도들이 수련하는 과정과 그들이 하는 일이 무엇인지 알기 위해 여러 분야의 과목을 직접 경험하게 된다. 해부학, 법의학, 외과학, 산부인과, 정신과, 약학, 응급의학, 심장학, 신경학, 가정의학 등에 대한 강의뿐만 아니라, 비디오로 연결된 화상을 통해 실시간 수술 활동을 볼 수도 있고 수술을 집도한 의사와 대화도 할 수 있는 등 적극적인 체험의 기회를 갖는다.

[2014 RCSI Mini Med 프로그램]

1일차	RCSI,St, Stephen's Green
08:30~09:00	등록
09:00~09:15	환영사
09:15~10:00	스트레스, 건강을 지배하는 근거 없는 믿음과 숫자
10:00~10:20	Moodle 소개 *TY학생들을 위한 이러닝 플랫폼
10:20~11:00	인체해부 투어
11:00~11:30	휴식
11:30~12:00	건강과 안전
12:00~14:00	점심
14:00~14:10	실습 전 교육
14:10~16:00	실습
	화학적 카오스 이론
	인체는 최종적인 물리학 실험실
	의학을 위한 과학
	미생물학과 유전학
	과학과 의학 윤리
2일차	Beaumont Hospital
09:30~10:30	정신의학이란 무엇인가?

10:30〜11:15	골절에 대해
11:15〜11:30	휴식
11:30〜12:30	낭포성 섬유증
12:30〜13:00	점심
13:00〜14:00	두부외상
14:00〜14:45	병리학자는 무슨 일을 하는가?
14:45〜15:00	의학도를 위한 적성검사
15:00〜15:45	임상의 역사−전문외상 처치술
3일차	Beaumont Hospital
09:30〜10:00	소화기 내과
10:00〜13:00	복부수술 : 복강경 수술
13:00〜14:00	점심
14:00〜14:45	신장제거술을 한 환자와의 만남
14:45〜15:30	당뇨병 관리
4일차	Beaumont Hospital
10:00〜11:00	수술이 필요한가요?
11:00〜11:20	휴식
11:20〜12:00	심장질환−심장병 치료요법
12:00〜12:40	진단영상과 인터벤션 영상의학(영상장비를 이용한 진단과 치료)
12:40〜13:15	점심
13:15〜15:30	임상기술
5일차	RCSI,St. Stephen's Green
09:30〜11:00	법의학
11:00〜11:20	휴식
11:20〜12:00	뇌기능 부전으로 인한 뇌전증
12:00〜12:20	RCSI 의과대학 교육과정 안내와 입학설명
12:20〜14:00	점심
14:00〜14:10	실습 전 교육
14:10〜16:00	실습
	화학적 카오스 이론
	외과 수련
	미생물학과 유전학
	정보검색
	의학을 위한 과학
	우수학생 수상 및 프로그램 종료

〈출처 : Mini Med School Program 수업시간표 (RCSI 제공)〉

아일랜드 병원

RCSI의 TY 프로그램 담당자와의 대화

Q 왜 RCSI에서 TY 프로그램을 운영하고 있는지요? 이 프로그램을 통해 이익을 얻는 부분이 있나요?

　이 프로그램은 학생들과 의과대학 등의 많은 요청에 의해 이루어졌습니다. 이는 학생들의 진로 결정에 도움을 주고 지역사회에 기여하는 차원에서 이루어집니다.

Q 얼마나 많은 RCSI 인력들이 이 과정을 준비하고 운영하기 위해 투입되나요?

　교육과정 코디네이터, 이벤트 기획자, 각 학과에서 교육을 담당할 강사들이 참여합니다.

Q RCSI 입학 시 Mini Med 프로그램에 참여한 학생들에게 혜택이 주어지나요?

　아니오, 전혀 그렇지 않습니다. RCSI 입학과 이 프로그램은 별개입니다. 프로그램에 참가할 학생들은 학교에 의해 추천되고 학생 선발은 추첨을 통해 이루어집니다.

Q 이 과정 동안 학생들을 평가하나요?

아니오, 우리는 자체적으로 학생들을 평가하지 않습니다. 만약 학생을 보낸 학교에서 학생평가를 특별히 요청한다면 해줄 수는 있겠지만 그런 경우는 거의 없습니다.

Q 이 과정을 운영하는 데 어려움은 없나요?

이 과정에 참가하려는 학생들의 수요는 너무 많은데 이를 모두 다 수용할 수 없는 어려움이 있습니다.

Q 한국의 의과대학 및 병원에서 학생들을 위해 이런 프로그램을 운영한다면, 이를 위한 조언을 부탁드립니다.

우선 학교와 병원의 모든 구성원이 이 과정의 필요성과 운영방법에 대해 충분히 소통하고 이 과정에 대한 이해가 신행되어야 할 것입니다.

또 긴급상황에 대한 대처 방안들이 논의되어야 합니다. 많지는 않지만 간혹 어떤 학생들은 해부학이나 외상에 대한 강의를 들으면서 힘들어하거나, 심하게는 기절을 하는 경우도 있기 때문에 이에 대한 사전준비가 이루어져야 합니다. RCSI는 이 프로그램과 더불어 매년 전국 400명의 중고등학생들을 대상으로 1일간 RCSI Open day를 진행하여 학생들이 의료인이라는 직업에 대해 알 수 있게 하는 등 적극적으로 학생들의 진로교육에 관심을 갖고 지원합니다. 그밖에 매년 과학 주간(Science Week) 동안 초등학교 학생들을 위한 'Come to Your Senses'라는 워크숍도 운영하는데 인체의 오감기관(Five Human Senses)에 대한 주제로 초등학생들이 인체 및 감각기관들에 대해 과학적인 관심을 가지고 생각해 볼 수 있도록 합니다.

4. TY 성공을 위한 노력

전환학년 교사 지원 사이트 (www.pdst.ie)

Professional Development Service for Teachers(PDST)

교사의 전문성 향상을 위하여 교사 연수를 담당하는 지원 기관으로서 STEM 등의 새로운 교육과정뿐만 아니라 전환학년 운영 등에 대해 학교와 교사들에게 전문적인 연수를 지원한다. 또한, 전환학년 운영을 위해 도움이 필요한 학교 및 교사들에게 TY 교육과정의 기획·개발, 교육, 평가 등 세부적인 사항들을 전문가들이 직접 찾아가 컨설팅 형식으로 지원해 주고 있다.

이 사이트의 TY 섹션에서는 TY에 대한 설명과 함께 학생 및 학부모들이 자주하는 질문과 답변을 올려놓아 TY에 대한 이해를 돕고, News & Event 섹션을 통해 TY 관련 최신 정보와 대회 및 행사들을 소개한다. 그 밖에 커리큘럼, 평가방법, 교육 매뉴얼 등이 탑재되어 있다.

과거에 아일랜드에서는 전환학년제를 정착시키기 위해서 이 사이트에 교사 간 대화창을 운영하였다. 이는 TY를 운영하면서 고충이 있을 경우 필요한 부분들에 대해 신속하게 다른 교사들의 도움을 받을 수 있게 해주는 도구로 활용되었다.

예를 들어 어느 학교의 TY 담당교사가 "예산이 적게 드는 효율적인 프로그램에는 어떤 것이 있을까요?"라고 질문을 올리면, 그 질문을 본 선생님들이 자신들의 경험을 바탕으로 얻은 다양한 정보들을 답변으로 달아주는 식이다.

우리나라의 '한국교육개발원 자유학기지원센터' 사이트를 살펴보면, 현재 '소개공간', '자료공간', '소통공간', '협력기관'으로 구성되어 있다. 교사들은 사이트 안의 '소통공간'을 통해 그간 진행된 세미나 및 설명회들의 사진자료, 동영상 자료들을 참고할 수 있는데 그 공간에 추가로 교사들의 '소통방'을 만들어 교사들이 시행착오들을 통해 얻은 살아있는 정보들과 아이디어들을 실시간 공유하고 피드백을 주고받을 수 있는 공간을 추가하면 어떨까? 그러면 많은 교사가 서로 협력하여 자유학기제 수업을 기획하고 운영하는 데 도움이 될 것이다. 한 방향 소통보다는 양방향 소통이 필요한 시대이다.

TY 관련 대회

아일랜드에서 TY 관련 대회는 학교 교내대회도 있고, 회사, 조직들이 주최하는 TY 관련 외부대회도 있다. 외부대회 참가를 권장하는 학교도 있지만 웨슬리 컬리지에서는 이를 별로 권장하지 않고 있다. 학생들이 판단해 필요하다고 느끼면 학생들이 개별적으로 참가한다. 그 이유는 유익한 대회도 있지만 그렇지 않은 것도 있기 때문이다.

각 영리단체들에게 TY는 상업적인 목적으로 이용될 수도 있다. 예를 들어, 아일랜드에 있는 학생용 신문사의 경우 처음에는 무료로 학교에 신문을 배부하였지만 곧 각종 대회를 주최하여 이를 구독광고에 활용한 경우도 있다. 또한, TY 학생들은 외부 모금활동을 요청하는 외부단체의 요청을 받기도 하는데 학교에서는 이를 거절하고 있다. 그 대신 'Gaisce'라는 대회는 참여를 적극적으로 권장하고 있는데 이 대회는 남과 경쟁하는 대회가 아니라 자기 자신과의 도전과 성취에 주안점을 두고 있는 대회이기 때문이다.

학생들 스스로 도전하고자 하는 목표를 세우고, 이를 일정 기간 노력해서 성취하게 되면 성취도가 높은 학생에게 아일랜드 대통령이 시상한다.

「Gaisce, The President Award 대회」 www.gaisce.org

우리나라에도 많은 대회가 있으나 대부분의 대회가 어떤 분야에서든 남과 비교하고 경쟁한 후 상을 받는다. 그런데 아일랜드의 Gaisce 대회는 남과의 경쟁이 아니라 자기 자신에 도전하여 그 발전과정을 높이 평가하는 데 중점을 둔다. 이 대회는 내가 얼마나 성숙해졌는지, 내 자신과의 도전에서 얼마만큼 인내하고 성취하였는지를 평가하고 격려하는 대회이다.

'Gaisce'는 아일랜드어로 '위대한 성취'라는 뜻으로 이 대회는 1985년에 Dr. Patrick J. Hillery 대통령에 의해 시작되었다. 처음에는 아일랜드의 5개 지역 약 300명의 참가자들이 참가하였으나 점차 그 참여가 확대되어 1988년에는 아일랜드 26개 지역에 2000명이 참가하였고 2005년에는 아일랜드뿐만 아니라 영국에까지 이 상이 도입되어 활성화되고 있다.

지난 27년 동안 약 30만 명의 젊은이들이 이 대회에 도전하여 상을 받았다. 대회 참가자는 15세에서 25까지의 청년들로 참가자 중 가장 성취도가 높은 학생에게 수여되는 '대통령상'은 아일랜드에서도 가장 공신력 있는 상 중의 하나로 꼽힌다.

이 프로그램에서 학생들은 '지역사회 참여', '개인적인 기술', '신체활동', '여행 및 연구' 등 네 가지 영역에서 자신들이 도전할 주제를 선택히고 지원을 받는다.

학생들의 노력과 성숙도에 따라 금상, 은상, 동상 등 세 가지 상이 주어지는데 각 상들은 나이 및 참가기간(금상 : 17세 이상 참가가능, 52주 기간, 은상 : 16세 이상, 26주 기간, 동상 : 15세 이상, 13주 기간)에 따라 그 대상자들이 구별된다. 금상의 경우는 대통령이 매년 직접 시상하고 은상과 동상은 각 지역 사회에서 시상한다.

'Gaisce'는 학생 자신이 직접 설정한 목표를 성취하는 프로그램으로 경험이 많은 자원봉사자의 도움을 받을 수 있으며, 전환학년제 학생들을 위한 멘토링을 제공한다.

대회 지원자들은 아래의 영역에 도전하게 된다.

- 지역사회참여 – 자선활동, 청소년 동아리 지원, 환경보호, 환경정화, 아동을 위한 봉사
- 개인적인 기술 – 악기연주, 댄스, 노래, 웹 디자인, 외국어구사 능력
- 신체활동 – 걷기, 사이클링, 테니스, 배드민턴, 골프, 축구, 럭비, 수영, 마라톤
- 여행 및 연구 – 모험, 유럽여행, 산악등반, 카누(신체적 장애를 가진 경우 관련 연구로 대체 가능)

아일랜드에는 교육부와는 별개로 아동청소년부(Department of Children and Youth Affiairs)가 있는데, 이 프로그램은 이 부처에서 관리하고 운영하고 있다.

한국의
자유학기제

새로운 시작! 자유학기제

새로운 시작! 자유학기제

1. 자유학기제의 발자취

우리나라에서 자유학기제는 왜 생겨났을까? 그리고 자유학기제는 언제부터 본격적으로 도입되었고, 어떤 계획 아래 전면적인 시행을 앞두고 있는 것일까? 이 점은 자유학기제를 도입한 교육부의 자료('박근혜 정부의 교육정책과 자유학기제' 자유학기제 연구학교 교원연수 자료 2013. 8.)를 통해 잘 알 수 있다.

우선, 자유학기제를 도입한 이유는 세 가지로 요약된다.

첫 번째 이유는 빠르게 변화하는 인재상에 대응하기 위함이다. 전 세계적으로 미래사회가 필요로 하는 인재상은 창조적으로 생각하는 인재, 다른 분야까지 통합적으로 이해하는 융합형 인재, 배움을 즐기는 인재, 상상력을 발휘하는 인재이다. 이를 육성하기 위해서 우리나라는 국가적인 차원에서 새로운 교육방식을 고민하게 되었다. 이러한 국가적인 고민은 자유학기제의 개념 및 기본방향과 절대 무관하지 않다.

두 번째 이유는 행복한 교육을 하자는 것이다. 우리나라는 2012년 경제협력개발기구(OECD) 국제학업성취도평가(PISA) 결과 65개국 가운데 5위를 차지한 반면, 2012년 연세대학교 사회발전연구소 조사결과에 따르면 우리나라 학생들의 주관적 행복지수는 OECD 국가 중 가장 낮았다고 보고되고 있다. 굳이 조사결과를 분석하지 않더라도 우리 어른들이 체감으로 느끼는 아이들의 행복도가 매우 낮다는 데는 어느 누구도 이견이 없다.

세 번째 이유는 아이들에게 꿈을 갖게 하자는 것이다. 한국고용정보원의 2008년 진로교육실태조사 보고서에 의하면, 중학생 34.4%가 '나는 장래희망이 없다'고 답변했다.

장래희망을 결정하지 못한 이유로는 32%가 '장래희망을 아직 찾지 못해서', 24%는 '무엇을 잘할 수 있는지 몰라서', 13%가 '어떤 일을 좋아하는지 몰라서'라고 답변했다.

장래희망을 결정하지 못한 이유로는 32%가 '장래희망을 아직 찾지 못해서', 24%는 '무엇을 잘할 수 있는지 몰라서', 13%가 '어떤 일을 좋아하는지 몰라서'라고 답변했다.

이는 학생들이 자신에 대한 탐색과 고민의 시간 및 그 기회가 부족하다는 너무도 안타까운 우리의 현실이다. '무작정 공부'만이 아니라 '왜 공부'인지를 느끼고 아이들의 꿈과 끼를 찾아볼 수 있는 기회를 우리나라 공교육에서 이제야 도입하게 된 것이다.

이에 정부는 2013년 자유학기제 도입 및 그 운영 로드맵을 세웠다.

2013년 3월 – 자유학기제의 기본 방향 및 목표를 설정
2013년 4월 – 연구학교 선정
2013년 5~6월 – 자유학기제 프로그램 개발

2013년 7~8월 - 교사연수 진행

2013년 2학기 - 연구학교 운영

2013년 12월 - 자유학기제 운영성과 보고회 개최

2014년 현재 - 자유학기제 연구학교 800개로 확대

2015년 2학기 - 학교별 자유학기제 준비

2016년 1학기 - 자유학기제 전면 시행

2. 자유학기제의 현황

자유학기제는 2013년 2학기부터 시범적으로 시행되었다. 아직 전체 학교에서 시행하지 않고 있다 보니, 아일랜드와 같이 학교별로 자유학기제가 어떻게 운영될지, 자유학기제 기간 동안 학생들의 평가는 어떻게 이루어지는지, 그리고 자유학기제 기간 동안 학생부는 어떻게 기록되는지 등에 대하여 구체적인 실천방안이 마련되지 못하고 있다.

교육부에서는 2013년 5월에 자유학기제 운영종합 매뉴얼과 평가방법을 발표하고, 2014년 2월에 교육행정정보시스템(NEIS) 학교생활기록부 기재방법에 대한 정보를 전달하였다.

(1) 자유학기제 어떻게 운영되나?

자유학기제는 꿈과 끼를 살려주기 위한 학교 교육과정을 개발하고 학생 맞춤형 진로설계를 지원하고자 하는 2가지의 큰 목표 아래, 크게 공통과정(기본교과)과 자율과정으로 나뉘어 진행된다.

[공통과정 및 자율과정 구성 예시]

요일 교시	월 ~ 금
1~4 (오전)	공통과정(기본교과) (약 20~22시간) • 핵심성취기준 기반 수업 • (국어, 영어, 수학)문제해결, 의사소통, 토론 등을 중심으로 한 수업 • (사회, 과학 등) 실험, 실습, 현장체험, 프로젝트 학습 등을 중심으로 한 수업
5~7 (오후)	자율과정 (약 12~14시간) • 진로탐색 활동 • 동아리 활동 • 예술 체육 활동 • 학생 선택프로그램

〈출처 : 자유학기제 운영종합매뉴얼, 교육부(2013)〉

중학교 학기 중, 1개 학기를 선택하여 교과별 수업시수 증감을 가능하게 하고, 토론, 실습 등 다양한 수업방식을 활용하여 학생들이 교과를 배울 수 있도록 한다. 자율과정에서는 예술, 체육, 진로 프로그램 등을 탄력적으로 운영하고, 수업 결과뿐만 아니라 과정도 평가에 포함하여 기록하도록 한다.

자유학기제 동안 수업시수를 줄이면 아이들이 기본교과에 소홀히 할 수 있지 않을까라는 우려도 있다. 그러나 그렇지 않다. 오히려 정반대의 결과에 이를 수 있다. 만약, 수학을 싫어하는 학생이 있다고 하자. 이 학생이 수학을 싫어하는 이유는 여러 가지가 있을 수 있다. 일단 여러 공식들을 이해하기 어렵고, 반복되는 문제풀이를 지루해할 수 있다. 또 수학이 주는 중압감 때문에 수학이 싫다는 생각을 할 수도 있다. 하지만 수학을 왜 배워야 하는지, 오늘 배우는 공식이 우리의 일상생활에서 어떻게 쓰이는지를 이해한다면 수학은 다르게 다가올 수 있다. 나와 관련 없는 과목이 아닌 내가 살아가는 데 꼭 필요한 것이라는 생각이 든다면 수학공부에 대한 동기가 부여되는 것이다. 자유학기제의 교과수업은 이렇듯 학생들의 학습능력을 끌어올리는 효과적인 수업이다.

자유학기에도 국·영·수 등 기본교과의 수업은 충실하게 진행되며, 자유학기제에서의 교과수업은 각 교과에 '핵심성취기준'을 두어 교과교육과정을 재구성하고, 반드시 배워야 하는 것들을 놓치지 않고 가르칠 수 있도록 한다.

수업방식은 교사 중심의 강의식, 암기식 지식전달이 아니라 토론, 문제해결, 프로젝트학습 등 학생 중심의 참여 활동형으로 바꾸고, 핵심성취기준을 중심으로 교과 간, 또는 교과 내 융합 및 연계 수업방식을 활용함으로써 학생들의 통합적인 사고력을 향상시킬 수 있도록 하는 것이다.

이러한 수업방식은 학생들의 관심과 흥미를 높일 수 있어 교과공부에 대한 학생들의 몰입도를 높이고, 스스로 학습하는 능력을 키워줄 수 있다.

(2) 자유학기제의 평가는 어떻게 이루어지나?

자유학기제의 평가는 학생 간 비교평가가 아니라 개인 자신이 세운 목표달성 여부를 평가하는 것이다. 기존의 중간, 기말 지필고사를 치르지 않는 대신, 수시로 학습진전 상황을 확인할 수 있도록 수시평가 및 학생 스스로 자신을 평가하는 자기성찰평가 등을 실시하고, 그 결과에 대한 피드백을 신속히 제공한다.

이를 위해 교사가 학생들의 수업태도, 진행사항 등을 파악하여 학생에게 수시로 진전 상황을 확인하여 알려주도록 한다. 또한, 경쟁보다는 학생들 간 협동심을 향상시킬 수 있도록 관련 항목들도 평가한다. 신속하게 자신의 상태를 파악할 수 있는 이런 자유학기제의 평가는 학생들이 자신의 부족한 부분을 보강해 나아가는 데 효과적이다.

(3) 학교생활기록부에는 어떻게 기록되나?

2014년 교육부에서 발행한 '나이스 사용자 연수자료'를 살펴보면, 자유학기제 기간 동안 학교생활기록부에는 학생 간 등수를 매기는 것이 아니라 '학생의 꿈과 끼를 살리는 활동상황' 중심의 서술식으로 자세하게 기록하도록 되어 있다. 이와 아울러, 학생부의 '진로희망사항'란에 학생이 희망하는 직업뿐 아니라 희망하는 이유, 비전 등도 기술한다.

자유학기에 이수한 과목의 경우 '성취도(수강자 수)'란과 '원점수/과목평균(표준편차)'란은 공란으로 두고 대신, '세부능력 및 특기사항'란에 각 과목별 성취기준에 따른 성취수준의 특성, 학습활동 참여도 및 태도, 활동내역 등을 간략하게 문장으로 입력하도록 하고 있다.

또한, 학생이 자유학기에 이수한 체육, 미술(음악/미술) 교과(군)의 과목에도 '성취도'란은 공란으로 두고, '특기사항'란에는 모든 과목에 대해 각 과목별 성취기준에 따른 성취수준의 특성, 실기능력, 교과적성, 학습활동 참여도 및 태도 등을 간략하게 문장으로 입력한다.

중학교 자유학기제 운영학교의 자유학기 교과학습발달상황 평가는 학교별로 자유학기의 취지에 맞는 평가 방안을 마련하고, 이를 학교 학업성적 관리위원회의 심의를 거쳐 학교장이 최종 결정하도록 한다.

[자유학기제 관련 학교생활기록부 기재 예시]

창의적 체험 활동상황

학년	창의적 체험 활동상황		
	영역	시간	특기사항
1	자율활동	28	2013 학교생활기록부 기재요령에 준하여 기재
	동아리 활동	213	2013 학교생활기록부 기재요령에 준하여 기재하되, **자유학기의 동아리 활동 포함.**
	봉사활동		2013 학교생활기록부 기재요령에 준하여 기재
	진로활동	34	2013 학교생활기록부 기재요령에 준하여 기재하되, **자유학기의 다양한 진로 활동 내용을 포함.**

교과 학습발달상황

[1학년]

교과	과목	1학기		2학기		비고
		성취도 (수강자수)	원점수/과목평균 (표준편차)	성취도 (수강자수)	원점수/과목평균 (표준편차)	
국어 ...	국어 ...	A(406) ...	95/78.6(12.6) ...	**(공란)**	**(공란)** ...	

* (공란)은 성적 처리를 하지 않고 빈칸으로 둔다는 의미임.

과목	세부능력 및 특기사항
(1학기) 국어	문학 장르 중에서 수필에 대한 이해가 깊고, 관찰력이 예리하여 기발한 착상이 돋보이는 수필을 창작하는 능력을 지님. 특히 떡볶이라는 우리가 일상에서 흔히 발견하는 소재를 활용하여, 바람직한 인간의 모습을 제시한 글은 일상의 모습에 대한 평소의 예리한 관찰 훈련이 글을 통해서 잘 발현된 매우 좋은 예라고 할 수 있음.
(2학기) 사회	역사를 비롯한 사회과학의 많은 분야에서 폭넓은 지식과 독서량을 가지고 있어, 사회현상이나 역사적 상황을 비판적으로 사고할 줄 알며, 특히 경제의 발전 과정이나 경제제도의 개혁 등에 관해 많은 관심이 있음.
(2학기) 자유학기 인문사회 (드라마와 사회)	드라마 제작 과정, 드라마 속의 인물 분석 등의 활동에 적극 참여하고, OO 방송국 탐방 활동(2013. 10. 10)에 참가함.
(2학기) 자유학기교양 (요리실습)	요리와 문학, 문화예술 관련 활동에 흥미를 가지고 적극 참여하였으며, 노인복지시설(OO양로원)을 방문하여 요리를 만들어 대접하는 활동(2013. 12. 18)에 참가함.

* 자율과정의 선택 프로그램은 NEIS의 '개인별 세부능력 및 특기사항'에 입력하여, 학교생활기록부 교과학습 발달상황의 '세부능력 및 특기사항'에 기재될 수 있도록 한다.

[체육 · 예술(음악/미술)]

교과	과목	1학기	2학기	비고
		성취도	성취도	
체육	체육	A	**(공란)**	
예술(음악/미술)	음악	A	**(공란)**	

* (공란)은 성적 처리를 하지 않고 빈칸으로 둔다는 의미임.

과목	세부능력 및 특기사항
(1학기) 음악	음악의 구조나 화성, 리듬, 악보의 부호 등을 이해하는 능력이 탁월하며 올바른 발성법에 의한 가창 능력이 뛰어남.
(2학기) 체육	농구경기 시 기초 체력이 뛰어나고 민첩성이 뛰어날 뿐 아니라 공의 회전에 대한 이해가 빨라 슛을 던질 때 손목 스냅을 잘 활용함.
(2학기) 음악(국악)	전통음악에 대한 관심이 많고 장구가락을 익히는 능력과 호흡에 맞추어 가락의 멋을 표현하는 능력이 뛰어나며, 발표회 준비 과정에 적극 참여함.

* **자유학기**에 기존의 체육 · 예술(음악/미술) 교육과정을 재구성하여 학생들의 희망에 따라 예술 · 체육 활동을 실시한 경우 관련 교과명 뒤에 괄호를 하여 해당 프로그램을 기재한 다음, **세부능력 및 특기사항을 기재한다.**

[교양 교과]

교과	과목	1학기		2학기		비고
		이수 시간	이수 여부	이수 시간	이수 여부	
선택	자유학기 · 인문사회			17	P	
선택	자유학기 · 교양			15	P	

* 자유학기의 선택 프로그램을 교양교과로 편성하여 입력할 경우, 교과는 '선택', 과목은 '자유학기 · 인문사회', '자유학기 · 탐구', 자유학기 · 예술체육, '자유학기 · 교양' 중의 하나로 지정한다.

* 각 교양교과의 특기사항은 '개인별 세부능력 및 특기사항'란에 입력하여, 교과 '세부능력 및 특기사항'에 기재할 수 있도록 한다.

〈출처 : 2014년 교육부 '나이스 사용자 연수자료'〉

3. 자유학기제의 실제

자유학기제는 아직 진행형이다. 2013년 2학기에 자유학기제를 시행한 중학교는 전국적으로 42개교에 불과하다. 2013년 12월에 2차례에 걸쳐 자유학기제에 대한 성과보고회가 있었다.

서울시 교육청 주관으로 '서울 시내 자유학기제 연구학교 합동보고회 및 설명회'가 열렸으며, 교육부 주관으로 '전국 자유학기제 연구학교에 대한 성과보고회'가 열렸다. 필자는 2차례에 걸친 성과보고회에 참석하여 우리나라 자유학기제의 실제 모습을 확인하고, 연구 중학교 선생님과 학생들을 인터뷰함으로써 자유학기제에 대한 반응을 살펴볼 수 있었다.

(1) "학교는 가르치는 장소가 아닌 배움의 장소"
– 서울시 교육청 주관 합동보고회

'자유학기제 연구학교 합동보고회 및 설명회'가 열렸다. 이 보고회에서 지난 몇 개월간 '자유학기제 연구학교'로 선정되어 시범운영을 한 5개 중학교에서 그간의 경험과 결과들을 발표했다.

전국의 각 150개교 400여 명의 교사들이 모여 시범학교에서 어떻게 자유학기제를 운영하였는지, 프로그램 내용과 운영상의 어려움은 없었는지, 결과는 어떠했는지를 진지하게 경청하고 토론했다.

그 결과, 시범 시행 한 학기 동안 자유학기제는 교사 학생 모두에게 매우 긍정적이었다는 평가이다.

「연구학교들의 예」

동작중학교 : '교육연계 체험활동 중심으로'

동작중학교의 경우, 수학과 연계된 진로체험활동이 인상적이다. 수학의 응용분야 및 그와 관련된 직업을 직접 체험함으로써 수학의 필요성과 중요성을 알고 자신의 진로를 진지하게 탐색해 보는 경험을 갖는다. 무작정 수학을 가르치는 것이 아니라 왜 수학을 배우는지에 대해 학생들의 이해를 돕고 수학을 잘하면 어떤 직업들을 선택할 수 있는지에 대해 학생들의 관심과 흥미를 효과적으로 유도하는 좋은 수업의 예이다.

> 무작정 수학을 가르치는 것이 아니라 왜 수학을 배우는지에 대한 학생들의 이해를 돕고 수학을 잘하면 어떤 직업들을 선택할 수 있는지에 대해 학생들의 관심과 흥미를 효과적으로 유도하는 좋은 수업의 예이다.

수업을 살펴보면, 우선 통계단원 학습 후 조별로 통계 관련 직업을 조사해 보고 발표한 후 통계와 관련된 다양한 직업체험을 위해 질문지를 작성하며 견학 계획을 세우도록 한다.

현장체험 후 보고서를 작성하여 발표해 보고 서로 정보를 공유하게 함으로써 의사소통 능력 및 협동심들을 기를 수 있게 하고, 방문하지 않은 체험지에 대해서도 간접체험을 할 수 있도록 한다.

학생들이 방문한 곳을 살펴보면 아래와 같다.
- 증권거래소 : 통계적 지식이 요구되는 경제 체험프로그램 체험
- 한국 소비자 보호원 : 통계 응용 및 여론 조사 기관을 체험
- 의료보험관리공단 : 데이터베이스 활용과 보험 관련 직업체험
- 한국은행 화폐 박물관 : 통계의 응용 및 금융기관을 체험
- 국정원 안보 전시관: 통계의 응용 및 보안 관련 직업을 체험

위와 같은 체험활동들을 통해 수학에 대한 흥미와 관심을 유발하고 통계의 응용분야를 효과적으로 알 수 있게 하며, 자신의 적성, 흥미, 진로를 적극적으로 탐색하게 하는 성과를 이루어 냈다.〈출처 : 2013년 자유학기제 연구학교합동 보고회 및 설명회 자료 – 서울시 교육청〉

수서 중학교 : 꿈, 끼, 깔을 키워 '꾼'을 기르는 자유학기제 운영

수서 중학교에서 진행한 UCC 제작은 외부전문가와 함께 협업하여 운영되었다. 학생들은 영상제작에 대한 전문가의 강의를 듣고 우수 UCC 자료영상 관람 후 모둠을 구성하여 개인별 주제에 맞는 촬영 계획을 세운다. 그리고 영상의 기초언어를 익히고 샷과 컷을 이용한 이야기를 만든다. 영상제작에 필요한 준비물이 있다면 스스로 만들어 본다. 그리고 모둠별 토론을 통해서 역할을 정하고 시나리오와 사전제작을 준비한 후 촬영을 시작한다. 촬영된 영상은 편집 후 시사회를 통해 서로 발표하고 평가한다.〈출처 : 2013년 자유학기제 연구학교합동 보고회 및 설명회 자료 – 서울시 교육청〉

이러한 교육과정은 영상과 관련된 직업에 대한 정보를 전문가를 통해 얻을 수 있고, 국어, 과학, 기술 과복 등과 연계된다. 또한, 시나리오 작업 등을 통한 글쓰기, 빛과 색, 기기의 활용 등 교과 내용을 이해하고 활용해 보는 활동과도 연계될 수 있을 것이다.

연구학교의 성과는 아일랜드의 TY와 비교해도 뒤처지지 않을 만큼 훌륭한, 아니 오히려 우리나라 실정에 맞춘 우수한 '자유학기제' 프로그램들이었다. '짧은 기간 동안 이렇게 다양하고 훌륭한 프로그램을 만들 수 있다니…… 이 제도를 통해 우리나라 교사들의 우수성과 전문성을 세계적으로 알릴 수도 있겠구나.'라는 생각이 들었다. 많은 열정적인 교사들이 자유로이 교과과정을 설계하고 평가할 수 있도록 하는 이 정책은 어느 나라보다도 훌륭한 우리나라 교사들의 열정과 전문성이 발휘되는 기회가 될 수 있을 것이다.

그동안 많은 교육제도가 도입되고 사라졌으나 이 제도는 어른들이 아닌 우리 아이들을 위한 제도로서, 학교에서 단지 성적이 아닌 자신의 장점을 찾기 위해 노력하는 학생들을 돕는 제도가 될 것이다.

연구학교 수업 동안 "엎드려 자는 아이가 하나도 없었어요. 꿈과 희망 없이 무기력한 아이들이 점점 성숙해지는 모습을 볼 때 보람을 느꼈습니다."라는 교사의 말에서 아직까지 우리 교육은 희망적이라는 생각을 해본다.

연구학교 수업 동안 "엎드려 자는 아이가 하나도 없었어요. 꿈과 희망 없이 무기력한 아이들이 점점 성숙해지는 모습을 볼 때 보람을 느꼈습니다."라는 교사의 말에서 아직까지 우리 교육은 희망적이라는 생각을 해본다.

(2) '부모들, 제도의 변화를 두려워하지 말자, 아이의 재능을 가두지 말자' – 교육부 주관 자유학기제 연구학교 성과보고회

서울교육문화회관에서는 전국 중학교 교사, 학부모·교육부 관계자들이 모여, '자유학기제 성과보고회'를 가졌다. 보고회장에 들어서자 박칼린 음악감독의 씩씩한 목소리가 강연장 안을 울렸다. 자유학기제와 박칼린 음악감독이 무슨 관련이 있을까 싶었는데, 들어보니 자신의 꿈과 확고한 신념을 가지고 성공한 전문가답게 자유학기제의 중요성에 대해 명쾌하게 설명한다.

그녀는 어린 시절 부모님이 공부보다 많은 경험을 할 수 있도록 해준 것이 지금의 자신을 만들었다고 한다. "하고 싶은 것을 하기 위해 대학진학을 해야 합니다. 학생들을 가르치다 보면 자신이 원하는 것을 알고 진학한 학생들과 그렇지 않은 학생들은 매우 달라요."라고 힘주어 말한다. 아이들의 10년 후를 생각한다면, 지금 당장 시험점수가 1점, 2점 오르는 것보다 긴 안목으로 전략을 바꾸어야 함을 강조한다.

유럽의 경우 대학 전공을 선택하기 전에 1년간 자유로이 각국을 여행하거나 경험을 하게 한 후 진로를 선택하는 여유로움과 성숙함이 있음을 이야기했다.

오늘 보고회에서 각 학교에 뮤지컬반이 개설되어 있고 박칼린 같은 유명 전문가의 멘토를 받고자 하는 수요가 많다는 것을 알았다. 여러 곳에 현직 전문가가 일일이 방문하기 어려울 경우, 학교의 수요를 조사하여 분야별 전문가들의 동영상 강의를 제작하여 배포할 수도 있을 것이다.

필자는 자유학기제를 운영해 본 연구학교 교사들과 학생들이 자유학기제에 대해 어떤 생각들을 가지고 있는지 궁금하였다. 그래서 성과보고회에 참석한 전국 각 지역의 중학교 교사들과 학생들을 만나 그들의 의견을 들어보았다.

〈충청지역 연구학교〉

Q 자유학기제 운영, 한 학기 동안 어떠했나요?

한 학기 동안 교사들은 너무 고생했지만 보람이 더 큽니다. 지방의 경우 직업체험 관련 인프라 부족으로 각 전문가들이 지역을 방문하여 교육해 주었으면 하는 생각입니다. 경험을 할 수 있는 인프라가 필요해요. 예를 들어, 직업체험을 한다면 직업에 대한 어려움도 알 수 있도록 그 직종에 대한 실제적인 설명이 필요합니다. 요즘 시간제 교사를 채용한다고 하는데 그것보다는 실제적인 전문가를 강사로 활용했으면 합니다. 그리고 교사들에 대한 교육 및 자료도 무척 필요합니다.

자유학기제 시범 기간 동안 학생들의 반응은 폭발적이었습니다. 너무 행복해하고 한 아이도 적극적으로 참여하지 않은 경우가 없었이요. 어려웠던 점은 참고자료가 많지 않아서 교사들이 교과과정을 재구성하는 것이 어려웠습니다. 바라는 점은 모든 학교가 이 제도를 지속적으로 시행했으면 합니다. 현재는 정권이 바뀌면서 혹 없어지는 제도가 될지도 모른다는 우려가 있지요.

또 시범학교가 되면서 학부모들의 성적 저하에 대한 걱정도 있었습니다. 이미 짜인 사회구조에서 벗어나는 것을 두려워하는 것이죠. 이 제도가 시행되다가 없어지게 되면, 이 제도를 경험한 학생들이 피해를 보게 되지 않을까에 대한 두려움이 있습니다.

교사들이 힘들어하기는 했지만 학생들의 적극적인 참여에 많은 보람이 있었다고 생각합니다.

> 자유학기제 시범 기간 동안 학생들의 반응은 폭발적이었습니다. 너무 행복해하고 한 아이도 적극적으로 참여하지 않은 경우가 없었어요.

잠깐만!

전문가 강사 활용 외적인 인프라 구축보다는 은퇴한 각 직업 전문가들이 학교를 방문하여 교육하는 프로그램을 활성화하도록 한다. 은퇴한 중·장년층들은 그들의 풍부한 지식과 경험을 바탕으로 지역에 봉사하면서 다시 후배들을 양성하는 교육자로서의 제2의 삶을 가질 수 있다. 또한, 학교와 학생들은 실제 전문가의 이야기를 듣고 배우면서 귀중한 경험을 공유할 수 있을 것이다. 이는 세대 간 통합, 일자리 창출의 효과를 가져올 수 있다.

〈영남지역 연구학교〉

Q 자유학기제 운영 중 어려웠던 점은 무엇이었나요?

교과를 재구성하는 것이 어려웠습니다. 자유학기제는 교사들의 창의성을 매우 필요로 합니다. 지금까지 경험하지 못한 것들이라 생소하였고 교과 간 융합의 경우, 몇 시간의 연수로는 부족하다는 생각이 들었습니다. 좀 더 체계적이고 심화된 연수가 필요하다고 생각해요. 그나마 '창의인성 교육넷'에 창의인성 수업을 기획하기 위한 자료가 많이 있어서 참조하였지요.

Q 어떻게 수업을 진행하였는지요?

저희는 연계수업으로 수업 주제에 맞게 교과와 단원을 쪼개어 재구성하였습니다. 예를 들어, 과학에서 '뿌리'에 대해 배운다면 국어교과의 '소설쓰기'와 연계하여 '뿌리에 대한 소설쓰기'로 융합하는 수업을 교사들이 협의하여 개발하고 공동으로 수업합니다. 또, 영어와 음악과목 융합도 진행했습니다. 융합전문가와 협의하여 주제 중심 프로젝트형 융합, 학습자 내면 중심 융합, 릴레이식 융합 등 여러 가지 방식으로 학생들과 수업하였습니다.

Q 학생들의 반응은 어땠나요?

처음 한 달간은 호응이 적었어요. '왜 하는지 모르겠다. 무엇을 하는 건지 모르겠다.'라던 아이들이 직업체험 후 태도가 긍정적으로 바뀌었습니다. 점차적으로 학생들의 흥미도 아주 높아졌는데 예를 들어, 야외음악회 무대세팅에 참여하는 학생들은 이것이 미술과목, 음악과목들을 융합하는 것이라는데 흥미로워하였어요.

학생들은 자신들이 하고 싶어 하는 것을 경험하니까 너무 좋아하고 적극적으로 참여하여 과목 성취도도 높았습니다. 관심을 가지고 다양한 직업체험 후 자신과 잘 안 맞는 직업 등을 확인하는 계기가 되기도 했습니다. 자유학기제를 통해 꿈을 정하기보다는 다양한 체험을 경험하여 자신에게 무엇이 맞고 안 맞는지를 체험해 보는 것이 중요하다고 생각합니다.

> 자유학기제는 연계수업으로 수업 주제에 맞게 교과와 단원을 쪼개어 재구성합니다. 예를 들어, 과학에서 '뿌리'에 대해 배운다면 국어교과의 '소설쓰기'와 연계하여 '뿌리에 대한 소설쓰기'로 융합하는 수업을 교사가 협의하여 개발하고 공동으로 수업합니다.

Q 학력저하에 대한 우려는 없었는지요?

솔직히 아직은 잘 모르겠습니다. 2학년이 되어봐야 알 것 같아요. 그런데 성적이 우수한 학생일수록 자유학기제를 선호하였습니다. 오히려 중위권 학생들이 이 제도에 우려를 표시하였는데 아마도 중위권이 경쟁이 더 치열하기 때문인 것 같아요. 2학년 수업은 기존 수업과정으로 자유학기제 후 수업진도가 더딘 감이 있습니다. 자유학기제는 창의적 교과과정을 만들고 효과적으로 전달하는 것이 중요한 것 같습니다.

자유학기제 수업에 참여하는 학생들의 진지한 모습

학생들의 자유학기제 수업 작품들

Q 직업체험의 경우 어려움은 없었나요?

그룹으로 나갔을 때 학생들의 안전지도가 중요합니다. 그래서 학교에서 안전유니폼도 제작하여 활용하였어요. 체험장 발굴은 학교를 중심으로 권역을 나누어 교사들이 일일이 체험장에 전화하여 발굴해 냈습니다. 형식적인 MOU 체결 및 그 숫자보다는 체험장과의 실질적인 협의를 통해 직업 교육내용에 대한 사전 협조를 구하는 것이 필요한 것 같습니다.

이번에 이를 계기로 지역사회가 조금씩 변화함을 느꼈습니다. 조금 더 자유학기제가 홍보된다면 보다 많은 이해와 협조를 얻을 수 있을 것이라 생각됩니다.

Q 학부모들의 반응은 어땠나요?

마음의 여유가 있는 학부모들은 좋아했습니다. 과목에서 영역별 평가가 나갔기 때문에 교과에서 무엇이 부족한지 더 잘 알 수 있다고 긍정적인 반응을 보이는 학부모들도 있었습니다.

자유학기제 연구학교 학생 인터뷰

Q 자유학기제는 어땠나요?

처음에는 또 우리를 귀찮게 하는가 보다 해서 별로였어요. 그런데 실제 수업에서 선생님들이 적극적으로 수업을 준비해 수업내용도 흥미롭고 진행과정에서도 우리들의 의견이 많이 반영되는 것을 보면서 저뿐만 아니라 다른 학생들도 적극적으로 참여하게 되었습니다. 수업내용도 흥미롭고 배우는 과정도 재미있었어요.

Q 학력저하에 대한 걱정은 없었나요?

오히려 단원이 끝날 때마다 매월 평가를 보니까 학력은 올라가는 것 같 았습니다.

Q 자유학기제가 유익했는지, 후배들에게도 추천하고 싶나요?

가만히 앉아서 수업을 듣는 것보다 이렇게 실제로 활동을 하면서 배우니 더 잘 기억에 남고 평소 싫어했던 과목들이 좋아지는 것을 느꼈어요. 전 과학과목을 싫어했는데 자유학기제에서 배우는 과학은 너무 달랐습니다. 후배들이 해도 너무 좋을 것 같아요.

4. 자유학기제 직업체험 프로그램

자유학기제의 하이라이트는 직업체험 프로그램이다. 우선, 직업체험 프로그램을 전체적으로 찾아볼 수 있는 인터넷 사이트로는 자유학기제 지원센터(한국교육개발원), 창의인성 교육넷(교육부), 진로직업체험센터(각 지방자치단체) 등이 있다.

분야별로 직업체험 프로그램을 가지고 있는 여러 기관과 단체들이 있는데, 여기서는 그중 금융감독원, EBS, 농촌진흥청, 삼성전자, 서울 대학교, 가톨릭대학교 의과대학, 건국대학교 등의 프로그램 정보를 전달 하고자 한다. 다만, 이러한 프로그램들은 아직까지 대부분이 자유학기제 학생들만을 위한 체험 프로그램이 아니라 중고등학생 전체를 위한 프로 그램으로 진행되고 있다.

이러한 것들을 고려하여 아래에서는 1)직업체험 프로그램을 전체적으로 찾아볼 수 있는 사이트, 2)자유학기제의 대상학교인 중학생들이 참여할 수 있는 프로그램, 3)현재 고등학생들만 참여할 수 있는 프로그램이지만 앞으로 자유학기제에 맞추어 수정될 수 있는 프로그램 등으로 구분하여 살펴보기로 한다.

1) 체험 프로그램을 종합적으로 찾아볼 수 있는 사이트

자유학기제 www.kedi.re.kr

이 사이트는 자유학기제 전반에 대해 이해할 수 있는 곳이다. 자유학기제 정책을 소개하고, 지원센터 안내 및 자유학기제 관련 자료집, 협업기관 인프라 정보 등을 제공한다.

소개공간, 소통공간, 자료공간, 협업기관으로 나뉘어져 있으며, 자료공간에서는 자유학기제 운영모형과 수업모델, '자유학기제 운영 종합 매뉴얼' 등 일반자료와 함께 16개 협업기관에서 제공하는 운영사례, 체험활동 자료 등이 협업기관 자료실에 종합적으로 축적되어 있어 관련 정보를 얻는 데 매우 유용하다. 지금은 자유학기제 연구기관 및 연구학교 중심으로 그간 진행한 수업 등, 보다 많은 자료가 축적되어 있다.

다만, 이 사이트에 '소통공간'이라는 섹션이 있기는 하지만 교사, 학생, 학부모들의 질문 및 의견을 전달하고 연결하는 공간이 없는 것이 아쉽다. 자유학기제와 관련하여 교사, 학생, 학부모들의 아이디어 공유를 위해 보다 원활한 양방향 소통공간이 마련되었으면 하는 바람이다.

창의인성 교육넷 www.crezone.net

우리나라에서 체험활동 정보를 찾을 수 있는 사이트로는 '창의인성 교육넷'(www.crezone.net)이 있다. 이곳은 창의적 체험활동 정보검색 포털로서 창의인성 교육 및 창의적 체험활동 관련 정보 등을 제공한다. 창의체험자원지도(CRM)라는 툴을 통해 지역별(전국), 대상별(초·중·고), 영역별(자율, 진로, 봉사, 동아리)로 분류하고 또 체험장소 유형별, 소관부처별로 세부 분류하고 있어 학생, 교사, 학부모들이 원하는 유형의 체험활동 검색에 편리하다. 진로와 관련해서는 상세한 체험활동 정보를 알 수 있는데 예를 들어, 서울 북부지방법원에서 운영하는 진로 프로그램 '우리들의 솔로몬 재판'의 경우를 살펴보면, 사이트에 나와 있는 내용개요를 통해 신청자들이 아래의 내용들을 이해하고 체험할 수 있도록 되어 있다.

[내용개요]

사전 활동	• 형사재판의 흐름 익히기 • 형사모의재판의 상황 설정하기(예: 도시락 절도건) • 판사, 검사, 변호사, 배심원 등의 역할에 대해 공부하고 역할 정하기 • 형사모의재판의 대본 짜기
현장활동	• 활동1 : 형사모의재판 실시하기
사후 활동	• 재판일기 쓰기 • 학교에서 재판의 소재 찾아보기 • 학급회의를 모의재판 형식으로 진행하기
유의 사항	• 재판장에서 질서 지키기 • 모의재판의 상황을 창의적으로 꾸며 보기 • 판사, 검사, 변호사, 배심원의 역할을 알고 실감나게 표현하기
준비물	• 재판 대본, 필기도구

또한, 창의체험자료 공유실에서는 다양한 수업지도안, 수업모델 관련 자료들을 제공하고 있다. 예를 들어, 6가지 체험 유형(과학기술, 글로벌, 예체능, 융합, 인문사회, 진로 부문 등)에 대한 창의체험 모델 프로그램을 탑재시켜 놓아 교사들이 학생 체험교육에 유용하게 활용할 수 있도록 하고 있다. 한 가지 아쉬운 점은 민간 기업들의 참여가 적고, 체험기간이 짧아서 1일 1회 2시간 정도가 대부분이다. 자유학기제 도입을 계기로 기업을 포함한 다양한 직업영역에서의 체험이 많이 제공되었으면 한다.

진로직업체험지원센터

울산교육청, 포항 교육청, 인천광역시 등 전국 지방자치단체에서는 진로직업체험지원센터를 운영하고 있다. 서울시의 경우 마포구, 용산구, 성동구, 도봉구, 강동구, 강서구, 서초구, 서대문구, 강서구, 중구 등 각 구에서 운영하는 진로직업체험센터가 있다.

강동구는 강동 진로직업체험센터 '상상팡팡'을 운영하고 있는데 지역 사업장들의 협조를 얻어 실질적으로 학생들이 사업장을 방문하여 체험하는 것을 돕고 있다. 대규모 단체 방문이 아닌 1~2명의 소규모 학생들로 이루어진 것이 특징이다. 향후 체험기간이 현재 1일 체험에서 보다 조금 더 길어진다면 실질적으로 학생들이 얻는 경험들도 더욱더 알차질 것으로 기대된다.

용산구청의 경우 청소년 체험프로그램뿐만 아니라 각 사업장들이 청소년들을 위해 직업체험의 기회를 제공하도록 '일터 재능기부'를 온라인으로 신청 가능하도록 되어 있다. 또 청소년들이 직업세계를 탐색하고 꿈을 향해 나갈 수 있도록 사업장들이 편리하게 일터를 개방할 수 있도록 하고 있다.

2) 자유학기제 대상 학교인 중학생들이 참여할 수 있는 프로그램

금융감독원

[금융교육 시범학교]

어린이·청소년에 대한 체계적인 금융교육과 학교금융교육의 활성화를 위하여 초·중·고등학생을 대상으로 집중적으로 금융교육을 실시하는 프로그램이다.

금융교육 시범학교는 2005년부터 시행되었고, 금융교육을 보다 더 체계적으로 확대시키기 위해 유관기관과 금융회사가 참여하는 토탈네트워크를 2009년에 구성하여 2010년부터 금융교육 시범학교에 활용하고 있다. 매년 전국 초·중·고에 「금융교육 시범학교」모집 공문을 발송하고 시범학교 신청을 받아 해당 학교의 제반여건을 고려하여 선정한다. 2014년 전국 총 400여 개 학교가 지원하였고 지원한 거의 모든 학교가 선정되었다.

시범학교가 지정한 2개 반 학생(70~80명)을 대상으로 4회에 걸쳐 시리즈로 교육을 실시하고 학교를 방문하여 금융경제 기초, 올바른 신용관리, 금융회사와 금융상품 등을 강의한 후, 금융사 사정에 따라 금융현장 견학도 1회 시행한다.

[초 · 중 · 고 금융교육 내용(단원 및 세부주제)]

단원명(5개)	초등학교(17개 주제)	중학교(17개 주제)	고등학교(17개 주제)
금융과 의사결정 (돈 관리는 이렇게)	1. 소중하고 편리한 돈	1. 순간의 선택이 평생을 좌우합니다!	1. 아는 것이 힘, 금융 정보의 위력
	2. 현명한 선택	2. 소중한 나, 소중한 나의 정보!	2. 금융 거래, 계약을 꼼꼼히
	3. 계획적인 소비생활	3. 생애 주기와 재무 관리	3. 나의 인생, 재무 설계는 어떻게?
	4. 금융 회사가 하는 일	4. 금융가 탐방기	4. 금융사기, 보이스피싱에 대응하기
수입과 지출관리 (현명하게 돈 쓰기)	1. 소득을 얻는 여러 방법	1. 어떻게 하면 돈을 잘 벌 수 있나요?	1. 예산 계획 세우기
	2. 용돈 관리는 용돈 기입장으로	2. 물건을 사고 나서 후회하지 않으려면?	2. 취업을 할까? 사장이 될까?
	3. 정보도 돈이다!	3. 들어오는 돈과 나가는 돈	3. 버는 만큼 모두 쓸 수 있을까?
	4. 물건 값을 치르는 방법		
저축과 투자 (현명하게 돈 모으기)	1. 저축을 하는 이유	1. 티끌 모아 태산	1. 어떻게 안전하게 돈을 불릴 수 있을까?
	2. 나의 예금 통장 만들기	2. 무엇이 다른가요?	2. 은행에 맡겨 둔 내 돈은 안전할까?
	3. 돈의 가치도 변해요!	3. 안전성과 수익성이라는 두 마리의 토끼	3. 정보가 있어야 돈을 벌지!
	4. 돈을 불리는 방법	4. 투자에도 전문가들이 있다!	4. 달걀을 한 바구니에 담지 말라
신용과 부채관리 (신용 관리는 이렇게!)	1. 편리한 신용 거래	1. 돈을 잘 빌리려면?	1. 나의 신용정보, 어떻게 관리해야 할까?
	2. 안전한 금융 생활	2. 신용이 재산이다!	2. 신용 1등급 만들기 프로젝트
	3. 신용을 관리하는 방법	3. 빌린 돈은 갚아야 한다	3. 부채와 연체, 채무조정제도가 있는 한 희망은 있다
위험 관리와 보험 (미래의 위험에 대비하기)	1. 나에게도 이런 위험이	1. 돌다리도 두드려 보아야 한다!	1. 위험에 대비하기
	2. 위험에 대비하는 방법	2. 이 위험한 세상에 다리가 되어!	2. 세상은 넓고, 보험은 많다
		3 .은퇴 준비를 왜 미리 해야 할까요?	3. 긴 노후, 어떻게 대비할까?

※ ( )내는 초등학교 금융교육 교과서의 단원명

〈출처 : 금융감독원〉

172

[청소년 금융교실]

금융감독원에서 운영하는 또 하나의 프로그램은 '청소년 금융교실' 이다. 전국 중·고교 학생이 대상이며, 2005년 시행부터 2012년까지 총 3000여 명의 학생이 참가하였다. 여름 및 겨울방학 기간 중 5일간 운영하고(1월, 8월) 운영 시작 약 1개월 전에 금융감독원 금융교육 홈페이지를 통해 직접 신청을 받는다.

교육내용은 아래와 같다.
① 금융지식 강의
- 신용의 중요성 및 합리적인 소비생활(기본)
- 라이프사이클과 재무설계(기본)
- 금융시장과 금융감독의 이해(심화)
- 올바른 신용관리 및 저축, 투자(심화)

② 금융현장 견학(체험)
- 한국거래소(기초투자자 보드게임 등)(기본)
- 전국투자자교육협의회 금융투자체험관(파이낸셜 빌리지)(심화)

금융감독원의 교육 프로그램의 경우 프로그램 내용 안에 '금융 관련 진로 및 직업'에 관련된 내용이 보강된다면, 기존의 교육 프로그램을 자유학기제에 활용할 수 있는 좋은 사례가 될 것이다.

EBS 일일 방송직업체험학교 www.home.ebs.co.kr

방송 관련 직업에 관심이 많은 중학생에게 방송 관련 직업에 대한 정보를 제공하고자 방학기간 동안 5회에 걸쳐 방송직업체험학교를 운영하고 있다. 참가인원은 총 100명(회당 20명, 5회)이고 온라인 지원자에 한해 추첨으로 선발한다. 단순한 방송국 견학이 아닌 오전 9시 30분부터 오후 4시까지 5일간 실제로 방송 스튜디오에서 일하고 있는 방송인들을 만나 그들의 설명을 들으며 PD 체험, 성우 체험, 아나운서 체험, 스튜디오 체험 및 카메라 체험 등을 직접 해볼 수 있다. 또한, 관련 워크북 활동도 진행하며 활동 후 참가자들은 '청소년 수련활동 인증서'를 받을 수 있다.

농촌 진흥청 – 녹색농업 체험교실 www.rda.go.kr

다양한 녹색농업 체험을 통하여 학생들의 농업·농촌에 내한 이해를 돕고 농업과학기술 체험을 통하여 과학기술 마인드 고취 및 과학문화를 확산하고자 하는 목적으로 체험학습을 진행한다.

참가대상은 초·중등학교 학생이며, 경기도 수원시에 위치한 농업 과학관에서 진행된다. 참석인원은 180명(12회×15명)이며, 신청방법은 학교 또는 학급단위에서 참가희망 공문을 발송하면 농업진흥청에서 선발한다.

녹색농업 체험교실 세부프로그램은 아래와 같다.

연번	일 정 (2014년)	체험프로그램	비 고
1	1월 6일(월)	토피어리	다육식물을 이용한 친환경 가습기 만들기
2	1월 7일(화)	꽃 사진액자	꽃 누루미를 이용한 사진액자 만들기
3	1월 8일(수)	패턴보조가방 만들기	연근 뿌리를 이용한 보조가방 만들기

4	1월 9일(목)	곤충로봇 만들기	건전지 없이 태양광을 이용하여 움직이는 곤충로봇 만들기
5	1월 10일(금)	꽃시계 만들기	교과에 등장하는 각종식물을 이용한 꽃 누루미 시계 만들기
6	1월 13일(월)	야생화 자석 만들기	교과서에 등장하는 야생화로 자석 만들기
7	1월 14일(화)	소품함 만들기	마른 꽃을 이용한 다용도 소품함 만들기
8	1월 15일(수)	곤충로봇 만들기	건전지 없이 태양광을 이용하여 움직이는 곤충로봇 만들기
9	1월 16일(목)	냅킨아트	달걀표면에 다양한 그림과 모티브가 있는 냅킨을 활용한 작품(축산)
10	1월 17일(금)	곡물콜라주	여러 가지 식량자원(곡물)을 이용한 콜라주
11	1월 20일(월)	보존화(생화) 액자 만들기	보존화(2~3년 보관가능 생화)를 이용한 액자 만들기
12	1월 21일(화)	리스 만들기	마른 과일을 이용한 원형 리스 만들기(과일 · 채소)
계		12회	

〈출처 : 농업진흥청〉

삼성전자 – 주니어 소프트웨어 캠프 www.juniorsw.org

삼성전자 사회공헌 프로그램인 '주니어 소프트 아카데미'의 한 프로그램으로 전국 초·중학생 200명(도서산간지역 중심)을 대상으로 여름, 겨울 방학기간에 무료로 개최되는 3박 4일 소프트웨어 교육 프로그램이다. 소프트웨어에 대한 교육뿐만 아니라, 관련 직업 종사자(SW 전문가, 스마트폰 디자이너, 마케팅 전문가 등)들이 멘토가 되어 진로에 대한 상담도 해주는 등 진로와 직업에 대한 정보와 교육을 제공한다. 방학 전 지역 교육청을 통해 참가 신청접수를 받아 참가자를 선발한다. 도시 학교에 재학 중인 학생은 학기 중에 진행되는 방과후교실에 참여할 수 있다.

프로그램
상세 소개

방과후교실　주말교실　캠프　온라인교실　게릴라 미션　대학생 멘토링　Junior inonovations　S/W 페스티벌

학습　　　　심화　　　　응용

소프트웨어를 처음 접하는 학생들도 '학습 심화 응용' 과정을 통해 소프트웨어 전반을 이해하고 창의적 융합적 사고력을 기르는 심도 있는 교육을 받게 됩니다.

{학습}
소프트웨어교실 : 쉽고 재미있는 교재로 '창의'와 '논리' 과정을 배웁니다. 수업은 개인 프로젝트와 협업프로젝트로 진행되며, 모든 학생은 한 학기 동안 자신만의 프로젝트를 수행하면서 창의력과 논리적 사고력을 기르게 됩니다. 시간과 장소에 구애받지 않고 온라인으로도 학습할 수 있습니다. 또한, 온라인으로 자신의 학습 현황과 프로젝트를 한눈에 볼 수 있고, 공유할 수 있습니다. *소프트웨어 교실:방과후 실/주말교실/캠프/온라인교실

{심화}
게릴라 미션 : 교육 과정 중 S/W로 해결해야 하는 미션을 받아 교실 내외에서 친구들과 함께 해결하는 프로그램입니다. 주변과 현상을 관찰해 독창적인 해결책을 탐구하게 됩니다.

대학생 멘토링 : 소프트웨어교실 과정에 참여한 학생들 중 우수한 학생들은 유수 대학의 S/W전공 대학생들과 함께 심도 있는 프로젝트를 진행합니다.

{응용}
Junior innovators : 소프트웨어교실 과정에 참여한 학생들 중 우리 주변의 문제나 불편함을 창의적인 아이디어로 해결하는 우수한 학생들을 Junior innovator로 명하고 지속적인 학습을 지원합니다.

S/W 페스티벌 : 아카데미를 마친 학생들의 작품들을 전시하고 배운 것들을 모두 함께 나누는 축제의 자리입니다.

176

참여하고 싶어요!

삼성전자 주니어 소프트웨 아카데미
2014년 모집 개요

방과후 교실	모집대상	전국소재 초등학교 4–6학년, 중학교 1–3학년, 고등학교 1–2학년
	참여방법	희망하는 학교에서 교육청을 통해 '방과후교실'을 신청하고, 선정된 학교에서 학생 모집
	교육기간	2014년 3월~2014년 12월(1년간)

주말교실	모집대상	서울 경기 소재중학교 1–3학년, 고등학교 1학년
	참여방법	참여의지가 뚜렷한 학생 개별 신청
	교육기간	2014년 9월~2014년 12월(한 학기간)

방학캠프	모집대상	서울 · 경기소재 초등학교 4–6학년, 중학교 1–3학년
	참여방법	참여 의지가 뚜렷한 학생 개별 신청(도서산간지역 학생 우대)
	교육기간	2014년 8월, 2015년 1월(각 3박 4일)

기타 프로그램	방과후교실, 주말교실, 방학 캠프의 학생들은 학기 중과 방학 내 열리는 다양한 교육 프로그램에 참여할 수 있습니다.

〈출처 : 삼성전자 주니어 소프트웨어 아카데미〉

과천 과학관 – 이공계진로탐구 www.sciencecenter.go.kr

청소년들이 이공계 진로에 대한 정확한 정보를 얻고 학생 스스로 소질과 적성을 고려하여 진로에 대한 결정을 내릴 수 있도록 하기 위해, 높은 수준의 과학교육 기회를 제공하는 프로그램이다. 일반계 중·고등학교 학생들을 대상으로 '과학기술캠프'와 '심화탐구' 프로그램을 운영한다

[과학기술캠프]

과학기술캠프는 각 전공분야의 대학 교수 강연, 실험/실습, TED 주제토론, 과학골든벨, 멘토링 페스티벌 등의 형식으로 진행되는 1박 2일간의 진로캠프로 대상은 일반계 고등학생 1~3학년이며, 참가자 부담의 별도 비용이 있다. 교육내용은 아래와 같다.

[교수강연 및 실험/실습 주제]

구분	교수강연 주제	실험/실습 주제	
일반과학	인간과 우주, 빛과 양자역학, 첨단과학, 응용화학 등	전지기학	휘트스톤 브리지의 원리와 그 응용
		화학 (영어수업)	Acid and base solutions : PH notion
수리과학	ApplotGraphs, 사회 통계학, 현대금융수학 수와 공간의 부제 등	응용수학	펜타고 멀티플레이어, 실험속 미분, 확률 과정론, 미니주식투자 등
물리/화학	핵 및 입자물리학, 우주 팽창, 나노과학기술, 나노 바이오융합 등	전자기학	저항의 직렬 및 병렬연결에 따른 직류 및 교류 회로에서의 전압과 전류 측정
		화학 (영어수업)	Oxidation reduction reactions: Redox
생명과학	줄기세포, 산소와 정의, 식물에서 의약품까지, 항체 약품 등	조직학	동결조직 절편 제작을 이용한 조직의 해부학적 특성의 이해
의과학	뇌과학, 미래의료, 맞춤의학, 정신의학 등	해부학	비교해부를 통한 분류계통학의 이해
첨단공학	자동 최적설계 기술, 재료공학, 초고층 건축, 슈퍼컴퓨터 등	로봇공학	초음파센서를 이용한 자동 타켓 미사일 시스템
과학리더십	지식기반 사회, 과학자와 기술혁신, 과학국정과 세계전략 등	리더십 소양과정	지속가능한 성장을 하기 위해 필요한 과학기술을 책임질 과학리더양성 토론/발표 교육

[심화탐구]

　교육대상은 중학교 및 고등학교 1~3학년 재학생으로 약 6주간 주 1회/4시간 교육, 총 24시간을 기본으로 한다.(의약학 36시간, 융합수리특강/융합수리 26시간)

　교육시간대는 평일 저녁이며, 교육 후 창의탐구보고서 작성 및 발표를 하고 추가적으로 우수자를 선별하여 포상한다. 참가자 부담의 별도 비용이 있다.

[교육구성]

구분	내용
지도교수 주제강의	주제별 지도교수의 탐구주제에 관한 강의를 듣고, 질의 응답과 토론을 통하여 관련 과학기술의 심층탐구
실험/토론	지도교수의 강의를 듣고 선택된 주제에 해당하는 탐구주제 관련자료 및 관계논문을 박사 연구진과 함께 실험/토론하여 주제에 대해 접근
전시물 탐구	탐구주제와 관련된 전시물을 탐구한 뒤 관계 연구보고서 및 논문과 연계된 보고서를 작성
창의탐구 보고서 작성/발표	보고서 작성을 통해서 만든 산출물을 발표할 수 있는 기회를 제공하여 성취감을 고취 및 탐구활동 동기 부여(중등부 제외)

[교육내용 – 고등부]

교과	교수진	대주제	소주제(주차별 교육내용)
수리과학	서울대 수리과학부	미적분	1. 함수의 이해 2. 함수의 연속 3. 미분의 기초 4. 미분의 응용 5. 도형의 넓이
물리	서울대 물리교육과	현대물리의 탐구	1. 뉴턴의 프린키피아 2. 아인슈타인의 상대성이론 3. 다이오드와 트랜지스터 4. 수소원자의 구조 5. 빛, 입자인가 파동인가?

화학	서울대 화학교육과	물질세계의 변화와 상호작용 탐구	1. 기체의 특성과 분자운동론 2. 가장 오랜 화학:산과 염기의 상호작용 3. 전기화학의 이해: 산화환원과 화학전지 4. 연료전지, 전기분해의 원리와 특성 5. 탄소화합물과 고분자 화학의 이해
생명과학	고려대 생명과학부	세포생물학의 이해, 그리고 응용과 전망	1. 세포란? 생물에너지학 2. 세포막/분자의 수송 기작 3. 세포골격/미세소관과 미세섬유 4. 세포분열/암과 세포자살 5. 세포신호전달/세포 외 기질
의약학	서울대 의학과	인체해부학과 생명의 신비	1. 인간의 몸, 계통별 해부 2. 인체의 작동 원리 3. 인간의 탄생, 성장, 노화 4. 인간의 질병
	서울대 제약학과	신약개발의 이해와 전망	1. 약은 어떻게 개발되어 왔는가 2. 질환 관련 단백질 구조 분석 및 항바이러스제 3. 게놈과 맞춤의약 4. 약의 작용원리
융합 수리특강	서울대 수리과학부	수치해석	1. 방정식의 해 2. 역행렬 3. $a x = b$ 4. Regression 5. 구글 검색 엔진 6. 얼굴 인식

[교육내용 – 중등부]

교과	교수진	대주제	소주제(주차별 교육내용)
수학	서울대 수학교육과	사고력을 길러주는 수학적 글쓰기	1. 기호와 친해지기 2. 논리와 친해지기 3. 수학자의 언어 엿보기 4. 추론연습을 통하여 증명능력 기르기 5. 수학 퍼즐을 통하여 수학적 글쓰기와 친해지기
물리	서울대 물리교육과	물질의 성질 : 엔트로피, 부력, 전기와 자기	1. 유체의 성질, 부력, 파스칼의 법칙 2. 열과 온도, 열역학 법칙 3. 고체의 형성과 특성,원자 현미경 4. 정전기 현상, 전류와 자기 5. 전자기 유도

화학	물질세계의 재미있는 분자 특성 탐구와 이해	세포생물학의 이해, 그리고 응용과 전망	1. 기체의 압력과 온도와 부피 2. 차가운 빛의 세계 3. 드라이아이스의 상태변화 4. 혼합물의 분리 5. 금속의 활동도
생물	생명의 다양성과 생리현상의 이해	인체해부학과 생명의 신비	1. 생명의 다양성과 생물자원 2. 순환계의 작용 및 심혈관계 질환 이해 3. 장기이식·인공장기 및 재생의학 4. 감각기관 작동원리, 시각을 중심으로 5. 뇌의 과학
융합수학	다면체와 수학	신약개발의 이해와 전망	1. 다면체와 수학세계 2. 다면체와 인수분해 3. 다면체와 방정식 4. 다면체와 도형수 5. 다면체와 함수 6. 다면체와 확률

〈출처 : 과천 과학관〉

국립현대미술관 −청소년도슨트 체험프로그램 www.mmca.go.kr

미술관의 활동 및 *도슨트의 역할 등을 이해하고 이론과 실무 관련 강의들을 통해 교육을 받은 후 도슨트 시연 활동을 체험한다. 청소년의 적성과 소질에 맞는 진로를 찾고 미술관 활동을 심도 있게 탐구해 볼 수 있도록 기획한 프로그램으로 중학생, 고등학생 대상으로 2개의 세부 프로그램을 운영하고 있다.

*도슨트란?
박물관과 미술관 등에서 일정한 교육을 받은 후, 일반 관람객들을 상대로 전시물과 작가 등을 안내하는 일을 하는 직업.

〈청소년 도슨트〉: 고등학교 1,2학년 대상 프로그램
- 기간 : 연중 2기(5~8월, 10~12월) 진행, 5기 3월 중 신청 및 선발/ 6기는 하반기 공지
- 대상 : 고등학생 1~2학년 기수별 각 20명
- 전형방법 : 서류, 면접 전형으로 선발
- 교육내용 : 오리엔테이션, 이론교육, 실무교육 등 교육 6회(주1회, 6주) 방학기간 미술관 도슨트 봉사체험(최종 선발자에 한해 개인별 6~8회 활동)
- 장 소 : 국립현대미술관 대회의실 및 전시실

〈도슨트? 도슨트!〉: 중학생 대상 여름방학 프로그램
- 기 간 : 여름방학 기간 내 진행(5~6월 중 신청 및 선발)
- 대 상 : 중학생 1~3학년 30명
- 전형방법 : 서류전형 후 추첨 방식에 의해 선발
- 교육내용 : 오리엔테이션, 이론교육, 실무교육 등 교육 6회(주2~3회, 2~3주)
- 장 소 : 국립현대미술관 소강당 및 전시실

서울대학교–미래세대와 함께하는 생명공학캠프

www.seoul.co.kr/event/camp.php

청소년들에게 과학적 사고를 넓혀주는 기회를 제공하고 창의적 사고와 과학적 시각을 키워주기 위해 서울대학교 농업생명과학대학에서 실시하고 있는 청소년 과학캠프이다.

별도 비용은 없으며 실험과 참여 위주의 프로그램으로 생명공학에 관한 기초적 체험을 제공하고 생명공학 관련 직업에 대한 이해를 돕는다. 대상은 전국 중학교 재학생이며 총 90명을 선발하는데 지원서에 자기소개서, 관련 과목 성적을 기재하고 온라인으로 지원하면 심사 후 참가자를 선발한다.

3) 현재 고등학생들만 참여할 수 있는 프로그램이지만,
  앞으로 자유학기제에 맞춰 수정될 수 있는 프로그램들

대학교 학과 체험

대학에서 운영하는 학과 체험의 경우 아직은 자유학기제 중학교 학생들을 대상으로 한 프로그램은 없다. 주로 진학을 앞둔 고등학생들을 대상으로 운영되고 있다. 하지만 아래의 프로그램들이 중학생 수준에 맞추어 구성되고, 지원자격 조건 등을 완화하여 많은 중학생이 참가할 수 있게 된다면 자유학기제의 취지와도 부합되고 중학생들의 진로탐색에도 큰 도움이 될 것으로 예상된다.

서울대학교 www.snu.ac.kr

자연과학 체험

서울대학교 자연과학대학에서 2박 3일간 진행하는 캠프로서 자연과학대학에서의 생활을 체험하고 자연과학 세부 전공에 대한 탐색 기회를 제공하기 위해 운영하고 있다. 전국 각지에서 모인 200명의 일반 고등학교 2학년 재학생들을 대상으로 수리·통계, 물리·천문, 화학, 생명과학, 지구과학의 5개의 분야를 체험하도록 한다. 학교장 추천 후 참가신청서를 작성하여 등기우편으로 신청하면 추첨 후 참가자를 발표한다.

3일간 강의와 실험, '학부생과의 만남', '토론 및 발표' 등 학생들이 자연과학 분야를 체험할 수 있도록 하는 프로그램으로 구성되어 있다.

융합과학 청소년스쿨 http://aict.snu.ac.k

서울대학교 차세대융합기술연구원에서 진행하는 1박2일 프로그램으로 경기도 내 고등학교 1학년 재학생을 대상으로 한다. 참가비는 없으며 학교장 추천을 받아 이메일을 통해 지원하고 자기소개서 등을 심사하여 120명을 선발한다.

프로그램 내용은 아래와 같다.

분야	강좌명	강좌 내용	인원	지도 교수	실습장소
1	인간형로봇(NAO) 동작실험	70cm 정도의 인간형 로봇인 NAO의 움직임을 만들어보고, 실제로봇으로 실험을 해본다.	10	000	대학원 전산실습실
2	모션캡처 시스템을 이용한 Gait Motion Capture	Plug-in-Gait Marker Set을 이해하고 실제 모션캡처 시스템에서 Gait Motion Capture를 진행하여 모션캡처 시스템의 전반적인 지식을 습득한다.	10	000	모션캡처 스튜디오
3	경혈 경락의 광특성 조사 연구	사림의 침놓는 자리 중 팔에 있는 '내관'과 '외관'의 빛에 관한 반사 특성을 조사하는 실험으로 노란색 성분의 반사 정도를 측정하여 경혈이 아닌 주위 피부와 비교하는 연구 활동	10	000	나노 프리모센터 (B동7층)
4	해양 미세조류를 이용한 바이오 에너지 추출실험	대량 배양된 미세조류에서 바이오에너지원인 지방산을 추출하여 본다.	10	000	해수실험실
5	인터랙티브 사운드 디자인 (Interactive Sound Design)	컴퓨터와 아두이노(Arduino) 보드, 그리고 광센서, 가변저항, LED, 거리센서 등 다양한 입출력 기기들을 이용하여 이를 재미있는 소리로 변환하는 인간과 상호작용하는 인터랙티브 사운드 디자인 시스템을 설계한다.	10	000	D-401
6	형광 현미경을 이용한 신경 세포의 이미징	녹색형광단백질이 발현된 신경세포의 이미징을 통해 유전자전이에 의한 이종형질의 발현에 대해 학습하고, 다양한 세포내소기관의 형광이미징 기법을 체험한다.	10	000	D-506
7	미세유체 내의 나노입자 유동관찰	미세유체를 제작해 보고 유체 내에 나노입자의 유동을 확인하고, 첨단의료장비의 원리를 이해한다.	10	000	B동 7층
8	시선추적 실험	블로그를 읽을 때나 광고를 볼 때, 웹사이트를 돌아다닐 때, 무엇을 어떻게 보는지 아이트래커를 이용해 시선의 흐름을 분석한다.	10	000	D-407

9	스마트폰 앱 프로토타입 만들기	스마트폰에서 작동하는 앱의 프로토타입을 만든다. 콘셉트를 기획하고, 디자인하여, 나만의 앱을 만들어본다.	10	000	D-409
10	3차원 형태 기반 단백질 분석 및 시뮬레이션	동일한 분자구조의 단백질이라 하더라도 그 3차원 형태에 따라 작동기전이 바뀌는 단백질의 특성을 이해하고, 이를 게임과 시뮬레이션을 통해서 체험한다.	10	000	세미나룸 2
11	자연모사를 통한 소수성 표면의 제작 및 접촉각 측정	나노패터닝 공정을 통하여 소수성표면을 제작해봄으로써 기본적인 나노패터닝공정을 이해하고, 접촉각 측정실험을 진행함으로써 실제 연꽃의 표면에 존재하는 마이크로/나노계층구조에 대한 자연모사를 체험하게 하고자 한다.	10	000	D-510
12	애니메이션 저작도구를 이용한 나만의 디지털 캐릭터 만들기	간단한 2D애니메이션 저작도구인 Reallusion 사의 CrazyTalk Animator를 사용하여 UCC 애니메이션을 제작해 본다.	10	000	D-410

청소년 공학 프론티어 캠프 http://www.beengineers.com

예비공학도를 위해 여름방학 기간 동안 진행하는 3박 4일 캠프로 대상자는 고등학교 2학년 자연계열학생 중 공학전공 희망자이다. 별도의 학교 추천서 없이 온라인 지원하면 지원한 관심분야의 성적과 자기소개서를 바탕으로 총 240명 내외를 선발하며, 별도의 참가비를 부담한다. 캠프내용은 재미있는 공학실험, 연구소 투어 및 연구실 체험, 공학 특강, 서울공대 선배 사귀기, 공학 토론, 공학글 쓰기, 조별활동, 입학설명 등으로 구성되어 있다.

청소년 경영캠프 http://bgins.snu.ac.kr

'청소년 경영캠프'는 경영대학 진학에 관심 있는 전국 고등학생을 대상으로 경영학 과목을 눈높이 강의로 알기 쉽게 풀어 설명해 주고 창업

시뮬레이션을 통해 학생들이 직접 경영리더가 되어 경영학 전반을 실제적으로 체험해 볼 수 있는 3박 4일 캠프이다.

경영대학 홍보대사 대학생들이 직접 프로그램 기획 단계부터 진행까지 참여하며, 고등학생들의 멘토가 되어 서울대학교 경영대학 생활을 미리 경험해 볼 수 있도록 구성되어 있다. 지원서 및 제출서류와 함께 신청한 학생들 중 50명을 추첨하여 선발한다.

건축학과 여름건축학교 http://snuarchisummer.cyworld.com

서울대학교 건축학과에서는 매년 여름, 고등학생을 대상으로 건축의 여러 분야에 대한 소개와 건축가/건축엔지니어의 역할에 대한 강연, 공간 만들기, 워크숍 프로그램으로 구성된 일일학교를 운영한다.

건축과 도시에 관심을 가진 고등학생 및 건축가와 건축엔지니어를 지망하는 고등학생들은 자기소개서와 건축에 관한 글을 작성하여 이메일로 신청하면 심사 후 참가자를 선발한다.

서울대학교 건축학과 교수진이 강연과 실습을 담당하며, 3인 1조의 실습과정에서는 재학생 도우미들이 팀을 이루어 진행을 돕는다.

프로그램 세부 일정(2013년도)	
08:30 – 09:00	등록
09:00 – 09:30	오리엔테이션 • 일일 학교 일정 소개　　• 건축학과에 대한 소개
09:30 – 10:50	통합 교양강의 1. 건축 그리고 건축가 통합 교양강의 2. 건축과 엔지니어링
10:50 – 11:00	휴식 / 건축학과로 이동 / 주제별로 분반

11:00 – 11:50	workshop 전반 • 주제 설명 및 작품구상　　• 주제 : 공간구성 실험
11:50 – 13:00	점심식사
13:00 – 16:30	workshop 후반 • 모형제작
16:30 – 18:00	각 섹션별 토론 및 크리틱
18:00 – 20:00	작품 전시 / 다과 / 피날레

고교생 수의학 아카데미 http://vet.snu.ac.kr

서울대학교 수의과대학에서는 고교생들에게 수의학 전반에 대한 정보와 수의학 교육에 대한 예비 체험의 기회를 세공하기 위해 고교생 수의학 아카데미를 운영한다. 고등학교 2학년 이상의 재학생을 대상으로 담임교사 또는 학교장의 추천을 받아 자기소개서 및 수의학과에 진학하고 싶은 이유 등을 기재한 신청서를 이메일로 보내면 심사하여 54명을 선발하여 진행한다. 수업은 각 과목의 담당교수, 대학원생, 학부생들과 함께 강의 중심이 아닌 실습 중심으로 진행된다.

서울대학교에서 진행되는 그밖의 프로그램들

미래 컴퓨터 엔지니어 캠프 http://cafe.naver.com/snucsecamp

서울시 – 관악구 청소년 공학캠프 http://www.gwanak.go.kr

청소년 토요과학교실 http://plaza.snu.ac.kr

자연과학 공개강연 http://plaza.snu.ac.kr

청소년을 위한 생명공학·환경과학 체험학습 http://nicem.snu.ac.kr

예비 의대생 1일 캠프 www.songeui.catholic.ac.kr

가톨릭대학교 의과대학에서는 의사를 꿈꾸는 예비의대생들이 진로를 결정하기 앞서 의학에 더 많은 관심을 갖고 실제 의학지식을 체험·학습해 볼 수 있도록 '예비 의대생 1일 캠프'를 운영하고 있다. 참가대상은 의대를 지망하는 수험생이며 모집인원은 120명이다. 참가방법은 지원동기와 의과대학 진학을 위해 자신이 해온 구체적인 노력을 기재한 신청서를 이메일로 제출하면 이를 심사하여 선발한다.

체험활동 상세일정을 보면 아래와 같다.

시 간	내 용			비 고
10:00 ~ 10:20	접수			성의회관 마리아홀
10:20 ~ 10:40	과정소개 + 인사말씀(의과대학장)			
10:40 ~ 11:20	기초의학 개요 강의			
11:30 ~ 12:50	선배와의 대화 및 점심식사			학생식당
13:00 ~ 16:30	실습 과정 3개 교시 진행(각 50분씩) 총 11개조가 이동하며 실습과정 수강			
	일정	시간		
	1교시	13:00	~ 13:50	
	이동시간	13:50	~ 14:10	
	2교시	14:10	~ 15:00	
	이동시간	15:00	~ 15:20	
	3교시	15:20	~ 16:10	
16:30 ~ 17:00	종합정리 및 수료증 배부			성의회관 마리아홀

[실습 과목 설명]

실습 주제	실습 내용
인체모형을 이용한 의학기술 체험	일반인들이 응급 상황에서 적용할 수 있는 1차 응급 처치(First-aid) 실습해 봅니다.
환자 시뮬레이션 실습	실제 병원과 같은 환경에서 환자 시뮬레이터를 이용해 의사의 활동을 미리 체험해 봅니다.
인체표본 관찰을 통한 질병의 이해	주위에서 흔하게 보는 대표적 질환이 인체 내에서 어떻게 발생하고 이로 인한 신체 변화 양상을 관찰하여 질병이 인체에 미치는 영향을 이해합니다.
로봇수술 트레이닝 센터 실습	수술의 새로운 시대, 로봇수술을 체험해볼 수 있는 트레이닝 센터 실습
초음파 검사를 통한 인체의 이해	초음파 검사를 통해 복부를 비롯한 인체 연부조직의 해부학적 구조물을 상세하게 관찰하고 2인 1조가 되어 실제 초음파 검사를 해보는 실습을 진행합니다.
자기공명영상(MRI)에 대해 알아보기	환자의 몸을 보다 더 편리하게 영상화할 수 있는 자기공명영상(MRI). MRI실을 견학하며 MRI의 장점, MRI를 통한 질병 진단 등에 대해 알아봅니다.
순환기내과 깊숙이 들여다보기	분초를 다투는 심장질환 환자들에게는 신속한 진단과 치료가 매우 중요합니다. 이러한 환자들을 위해 활동하는 순환기내과의 다양한 검사 및 치료 과정을 들여다봅니다.
질병진단의 종결자, 병리 진단	효과적인 건강 회복을 위한 치료는 명확한 진단에서부터 시작 : 질병 진단의 최종 판결, 병리진단 감염질환, 악성 종양 등 질환에 따른 치료 방향 결정을 위한 과정을 체험합니다.
신경과에서 하는 일	두뇌의 척수, 말초신경 및 근육에서 일어나는 각종 질환을 다루는 학문, 신경과. 사망원인 2위인 뇌혈관질환과 치매 등 신경과의 영역은 최근 주목을 받고 있습니다. 실제 환자의 진단이 이뤄지는 과정을 MRI, CT 영상으로 확인하고 직접 실습도 진행합니다.
기초 의학의 꽃, 해부학	생명체를 이루고 있는 구조물의 생김새, 크기, 위치 등에 대해 알아보는 해부학. 기초의학의 중요 부분인 해부학에 대해서 연구소 견학, 교수님의 설명, 샘플 관찰 등으로 자세히 알아봅니다.
내 몸속을 들여다보자, 내시경	소화기, 호흡기 등 내장 장기나 체강 내부를 수술과 부검 없이 살펴볼 수 있는 내시경. 아주 미세한 병변까지 찾아내어 환자들이 빠른 치료를 할 수 있도록 돕습니다. 내시경 트레이닝 장비 체험을 통해 알아보는 신기한 내시경의 세계.

〈출처 : 가톨릭대학교 의과대학〉

건국대학교

전공체험 및 특강 www.ao.konkuk.ac.kr

건국대학교에서는 전국 고교생들을 대상으로 관심 있는 분야의 희망 전공을 탐색하고 체험하는 '전공체험 및 특강'을 운영한다.

각 고교에서 추천받은 학생들이 신청서 및 지원동기를 온라인으로 입력하면, 각 학과에서 이를 심사한 후 참가자를 선발한다. 고교생들의 진로 설정을 돕고 다양한 전공 소양을 개발할 수 있도록 하기 위해 건국대학교의 18개 학과들이 참여하여 예비수험생들에게 원하는 전공학과를 탐색하고 체험할 수 있는 기회를 제공한다. 각 전공별로 연구소와 실험실 등을 개방하고 전공 관련 작품과 연구 성과를 전시하며, 전공안내와 입학·졸업 후 진로 상담을 진행하는 등의 프로그램들을 운영한다.

[2014년도 건국대학교 참여 학과 및 모집인원]

연번	학과	전공체험		전공특강	
		모집인원	일시	모집인원	일시
1	생명환경과학대학 보건환경과학과	60	5.21.(수) 9:30~16:30	–	–
2	상경대학경상학부 경제학전공	40	5.23.(금) 9:30~16:30	100	
3	사범대학 교육공학과	40		80	
4	문과대학 사학과	80		100	
5	문과대학 중어중문학과	50		80	
6	문과대학 미디어커뮤니케이션학과	40	5.24.(토) 9:30~16:30	170	
7	수의과대학 수의예과	40		180	
8	문과대학 철학과	100		100	
9	동물생명과학대학 축산식품공학과	40		80	

10	문과대학 문화콘텐츠학과	50	5.26.(월) 9:30~16:30	100	
11	사범대학 체육교육과	40		200	
12	생명환경과학대학 생명자원식품공학과	100	5.28.(수) 9:30~16:30	100	
13	공과대학 기계공학부	–	–	100	
14	동물생명과학대학 바이오산업공학과	–	–	150	
15	공과대학 유기나노시스템공학과	–	–	100	
16	공과대학 융합신소재공학과	–	–	80	
17	공과대학 항공우주정보시스템공학과	–	–	90	
18	공과대학 환경공학과	–	–	90	

〈출처 : 건국대학교 입학사정관실〉

5. 자유학기제 성공을 위한 제안

1) 단기간의 성과에 집착하지 말자.

'자유학기제가 과연 성공할 수 있을까?'라는 의문을 가지고 있는 사람들이 많이 있다. 아일랜드가 전환학년제의 성공을 위해 수십 년의 시간이 필요했듯이 자유학기제 또한, 단기간에 성공을 거둘 수 있는 제도는 아니다. 하나의 제도가 정착되기 위해서는 자유학기제가 성공할 수 있다는 확신을 가지고 자유학기제의 본래의 취지를 잘 살려 정착할 수 있도록 국가, 교사, 학생, 학부모, 지역사회 등 모두가 노력헤야 할 것이다.

2) 진로 선택을 위한 로드맵을 만들자.

　자유학기제는 2016년부터 전체 중학교 1학년 학생들을 대상으로 1학기 동안 시행되는 것을 예정하고 있다. 하지만 자유학기제만으로 진로 선택을 위한 모든 것을 다했다고 할 수는 없을 것이다. 오히려 학생들의 진로 선택을 위해서는 교육과정 안에서 중학교부터 고등학교까지의 6년 동안 진로 선택을 위한 로드맵을 만들 필요가 있다.

　아일랜드의 전환학년제나 다른 외국의 예를 보더라도 진로 선택을 위해 최소한 1년의 기간을 두고 있다. 반면, 우리나라의 자유학기제는 1학기에 불과하다. 중학교 1학년 때 시행되는 자유학기제는 학생들로 하여금 어떤 종류의 진로가 있으며, 내가 무엇을 좋아하는지 찾아보는 탐색의 과정이다. 자신이 대학에 진학할지, 아니면 대학이 아닌 직장에서 자신의 꿈을 키워 나갈지는 중학교 1학년 때 자유학기제를 한다고 해서 정해질 수 있는 것은 아니다. 중학교 1학년 시기에 진로에 대한 탐색을 했다고 하더라도 고등학생이 될 때까지 자신이 생각했던 것과 또 다른 변화가 있을 수 있다.

"
자유학기제를 중학교 1학년 한 학기 동안에 시행한다 하더라도 중학교 1학년부터 고등학교 3학년 사이(개인적인 생각으로는 고등학교 1학년 1학기)에 본격적인 진로 선택을 위한 또 한 번의 자유학기제 기간이 주어지는 것이 바람직할 것이다.
"

　또한, 고등학생이 되면 중학생 때와는 달리 진학과 취업을 앞두고 좀 더 구체적인 진로에 대해 깊은 생각을 하게 된다. 따라서 자유학기제를 중학교 1학년 한 학기 동안에 시행한다 하더라도 중학교 1학년부터 고등학교 3학년 사이(개인적인 생각으로는 고등학교 1학년 1학기)에 본격적인 진로 선택을 위한 또 한 번의 자유학기제 기간이 주어지는 것이 바람직할 것이다.

　물론 고등학교 1학년 때는 대입입시라는 부담 때문에 진로 선택을 위한 별도의 시간을 갖기 어려울 수 있다. 하지만 대학에 입학한 후 적성이 맞지 않아 진로 선택을 다시 할 경우가 생길 수도 있어 고등학교를 졸업하기 전에 자신의 진로에 대해 좀 더 신중하게 생각할 필요가 있다. 고교 시기에 다시 한 번 직업 관련 실무 체험을 한다면, 진로 결정을 제대로 하지 못해서 발생하게 될 시간과 비용을 최소화할 수 있을 것이다.

교육 당국에서는 이처럼 자유학기제를 중학교 시기의 진로 탐색 과정 1학기와 고등학교 때의 진로 선택 과정 1학기로 이분하여 학생들의 진로 로드맵을 만들어주는 방법을 고민해 보아야 한다.

3) 실질적이고 현실적인 직업체험이 이루어지도록 하자.

• 지역 단위의 소규모 직업체험이 이루어져야 한다.

자유학기제 기간 동안 직업체험을 전체학생이 한꺼번에 한다고 하면 그 체험은 수박겉핥기가 되기 쉽다. 학생 자신들의 진로 탐색을 위한 직업체험이 실질적인 효과를 내기 위해서는 해당 학교가 소속되어 있는 지역사회에서 소규모 단위로 이루어져야 한다.

학생이 살고 있는 지역의 공공기관, 민간기업, 지역사회단체 등이 모두 좋은 직업체험 장소가 될 수 있다. 또한, 그 지역의 단체들은 직업체험 장소를 제공하고 학생들을 교육하는 일이 성가시고 불필요한 일이 아니라, 우리 아이들의 꿈을 찾아주기 위한 당연한 책임이라는 생각을 가져야 한다. 학생들 또한, 직업체험 장소를 멀리서 찾으려 하지 말고 그 지역 내에서 찾으려는 노력을 해야 한다.

우리보다 앞서 전환학년제를 정착시킨 아일랜드에서도 모든 지역기관들의 이해와 적극적인 협조가 이 제도의 성공에 가장 중요한 요소라고 강조했음을 다시 한 번 생각할 필요가 있다.

• 직업체험, 형식적이 되어서는 안 된다.

직업체험의 경우, 하루 한두 시간 방문으로는 그 직업에 대해 잘 알수가 없다. 일주일 이상의 체험 기간을 가져야 그 직업에 대해 잘 이해할수 있을 것이다. 작업장에 나가 그곳에 종사하는 사람들과 대화하고 직업에 대한 진솔한 이야기를 들으려면 적어도 하루 이상의 체험으로 발전해야 한다.

• 직업체험 시 은퇴한 장년층을 직업 전문 멘토로 활용하자.

자유학기제 중 직업체험활동을 돕기 위해 교육부와 교육청은 공공기관, 대기업들과 자유학기제 성공을 위한 MOU를 체결하고 있다. 국가적인 차원에서 공공기관 및 대기업들과 자유학기제를 위한 직업체험 프로그램을 만드는 일은 반드시 필요한 일이다. 다만, MOU만으로는 전국의 모든 자유학기제 학생이 직업체험을 경험하기에는 많이 부족하다. 따라서 이를 해결하기 위한 근본적인 방법으로 직업체험 프로그램에 은퇴한 장년층을 전문 멘토로 활용하는 방법을 고민해야 한다.

요즘은 대부분 50대 초 중반이나 빠르면 40대 중 후반에 직장을 그만두고 있다. 20년 이상, 한 직업에서 쌓은 연륜과 경험을 바탕으로 자신이 경험했던 직업이 어떤 일을 하는지, 그 직업의 장단점은 무엇인지, 앞으로 그 직업을 선택하는 사람들이 어떤 부분을 더 노력해야 하는지 등을 설명하는 프로그램을 만든다면, 전국의 모든 자유학기제 학생을 위해 실질적인 직업 탐색과정이 이루어질 수 있을 것이다. 더욱이 은퇴한 장년층과 자유학기제 학생들을 연결하여 서로 멘토

은퇴한 장년층과 자유학기제 학생들을 연결하여 서로 멘토와 멘티가 될 수 있도록 한다면, 앞서 언급한 바와 같이 중학교 1학년 1학기뿐만 아니라 중학교와 고등학교 6년 동안 지속적으로 진로 탐색 및 진로 선택이 이루어질 수 있도록 지원 할 수 있다.

와 멘티가 될 수 있도록 한다면, 앞서 언급한 바와 같이 중학교 1학년 1학기뿐만 아니라 중학교와 고등학교 6년 동안 지속적으로 진로 탐색 및 진로 선택이 이루어질 수 있도록 지원할 수 있다.

은퇴한 장년층들은 직업 경험을 단절시키지 않고 제2의 직업에 도전할 수 있고 동시에 청소년들의 고민과 꿈들을 이해할 수 있는 기회도 얻을 수 있다. 학생들은 자신이 꿈꾸는 직업의 선배들에게 멘토링을 받음으로써 그들의 과거 시행착오와 직업적 어려움을 이해하고 역경을 헤쳐 나갔던 소중한 경험들을 공유할 수 있다. 은퇴한 장년층과 청소년을 연결하는 이 방법은 자연스러운 세대 간의 교류 및 소통의 장을 만들게 될 것이다.

• 자신의 성장에 초점을 맞춘 평가와 수상제도를 만들자.

우리나라에도 이제 남과 비교하는 상대적인 평가가 아니라 내 자신의 성장에 초점을 맞춘 평가와 수상제도가 있었으면 한다. 자신 안의 힘을 발견하고 성장시킬 수 있는 용기에 대해 우리 어른들이 한껏 칭찬해 주도록 하자. 하나하나 소중한 색깔과 개성을 가진 우리 아이들을 불필요하게 비교하는 것은 절대 아이들의 성장에 도움이 되지 않는다. 아일랜드의 Gaisce賞, 미국의 President's Challenge 등의 상들이 그 좋은 예이다. 이 상들의 취지와 수상 대상자 선정방법들은 자유학기제를 계기로 한번 참고해 볼 만하다. 소년 클린턴이 대통령 케네디를 만나며 미래의 꿈을 키웠듯이 학생들에게 동기부여의 기회를 주도록 하자.

• 기록으로 반드시 남기지.

학생들이 소중한 경험을 기록으로 남길 수 있도록 하자. 한 학기 동안 우리 아이들이 만나는 수업과 활동들은 열심히 연구한 교사들의 노고와 더불어 매번 새롭고 다양할 것이다.

학생들이 수업과 활동에 대해 기록하는 방법을 익히고 성실히 기록해 나가는 습관은 자유학기제뿐만 아니라, 향후 진학과 취업을 준비하는 데에도 많은 도움이 된다. 에듀팟과 연계하여 자신의 활동들과 소감들을 잘 정리해 놓아야 한다. 교사들 역시 수시로 학생들의 활동을 관찰하고 평가해야 하는데 아이들이 직접 작성한 기록들을 개별 평가 시 유용하게 활용할 수 있을 것이다.

자유학기제와
진학

자유학기제와 대학입학

자유학기제와 대학입학

1. 자유학기제의 진정한 의미

아일랜드에서는 전환학년의 평가 자체가 직접적으로 대학입학에 영향을 미치지 않는다. 처음 그것을 알았을 때 약간은 의아했다. 학생들이 1년이나 공들여 하는 수업과 활동들의 결과물들을 대학입학 시 참고하지 않는 것이 궁금했던 것이다. 하지만 아일랜드의 치열한 대학입학 경쟁의 현실을 알고 난 후 그 이유를 이해하게 되었다. 아일랜드에서 전환학년제는 점수 위주의 경쟁적인 대학입학제도에서 학생들이 본격적인 선택과 집중 전에 자신의 진로에 대해 생각하고 향후 집중해서 나아갈 수 있는 발판이 되는 시기이다. 만약 이 기간 동안의 평가결과를 대학입시에 반영한다고 하면 이는 또 다른 불필요한 경쟁을 초래하게 될 것이기에 전환학년제의 평가를 대학입학에 반영하지 않는 것이다.

또 우리나라에서도 자유학기제의 취지를 살리고 학생들이 성적과 무관하게 자유롭게 자신의 진로와 적성을 찾으려면, 자유학기제 기간 동안의 평가결과는 고입·대입전형에 반영하지 않는 것이 바람직하다. 전환학년제와 자유학기제를 시행하는 목적은 학생들이 자신의 꿈과 끼를 찾아 앞으로 무엇을 할지를 알아보고 목표를 세워 그것이 공부든 활동이든 자기주도적으로 자신의 인생을 설계하여 앞으로 진행해 나가도록 하는 데 있다. 자유학기제 기간 동안 평가와 성적보다 더 중요한 것은 학생들이 체험한 소중한 경험이다. 이는 학생들이 진학을 하든 취업을 하든 큰 자산이 될 것이다.

"

자유학기제를 시행하는 목적은 학생들이 자신의 꿈과 끼를 찾아 앞으로 무엇을 할지를 알아보고 목표를 세워 그것이 공부든 활동이든 자기주도적으로 자신의 인생을 설계하여 앞으로 진행해 나가도록 하는 데 있다.

"

자유학기제를 의미 있게 보낸 학생들은 자신의 생각을 효과적으로 표현하는 방법, 다른 사람들과 협동하는 방법, 자기주도적인 계획과 실행하는 방법 등 앞으로 공부를 하거나 사회를 살아가는 데 반드시 필요한 것들을 자유학기제 동안 집중적으로 습득할 수 있게 된다.

자신의 꿈을 이루는 데 상급학교에서의 지식과 경험이 필요하다면 진학을 준비할 것이고, 일을 통한 경험이 필요하다면 진학보다는 그 분야에 관련된 경험을 쌓는 것에 집중할 것이다. 하고자 하는 꿈과 목표가 확실하다면 학생들 스스로 움직일 것이다. 그것이 공부든 직업현장에서의 경험이든 자기 주도적으로 진행될 것이기 때문이다.

이를 통해, 우리의 인식도 이제는 '무조건 대학이다' 가 아니라 '필요하면 대학이다'로 바뀌어 나아갈 수 있다.

2. 자유학기제와 대학입시(학생부종합전형을 중심으로)

자유학기제는 학생들이 진로 및 진학에 관심을 갖고 탐색하는 첫 계기가 될 수 있다. 그 과정에서 자신이 선택하고 진행하여 발전하는 과정의 기록은 꼭 필요하다.

만약 자신의 꿈을 이루는 데 대학진학이 필요하다면 현재 우리나라 입학제도의 어디에서 그 답을 찾을 수 있을까?

학생부종합전형에서 그 답을 찾을 수 있다.

한국대학교육협의회(대교협)가 교육부와 협의한 '2015학년도 대입전형 기본사항 확정안'을 보면 대학입학전형은 크게 수시 3개(학생부 교과 /학생부 종합/ 논술·실기 위주)와 정시 전형으로 나뉜다.

중학교 1학기에 자유학기제를 경험한 학생들이 지속적으로 그 활동을 이어나가 좀 더 깊이 있는 심화활동을 하고 또 대학진학이 꿈을 찾는 데 필요하다고 생각한다면, 현재 해당되는 전형은 '학생부종합전형'이 될 것이다.

학생부종합전형은 종전 입학사정관전형으로, 학생부 안에 있는 교과영역과 비교과영역을 종합적으로 평가한다. 교과영역은 학교성적에 해당하며, 비교과영역은 수상기록, 자율활동, 동아리활동, 봉사활동, 진로활동 등이 있다.

입학사정관전형이 처음 나오게 된 이유를 알면 학생부종합전형과 자유학기제와의 관계를 이해할 수 있다.

대교협 입학사정관제 정의에 의하면, 입학사정관전형은 내신성적과 수능점수만으로 평가할 수 없었던 잠재능력과 소질, 가능성 등을 다각적으로 평가하고 판단하여 각 대학의 인재상이나 모집단위 특성에 맞는 신입생을 선발하는 제도이다. 즉 대학들은 자신이 좋아하는 것을 잘 알고 그 일을 하기 위해 전공을 선택하려는 학생을 선발하겠다는 것이 그 취지이다. 학교생활을 통해 꾸준히 관련 과목을 공부하고 성장해 나갔는지, 발전 가능성은 많은지를 평가하겠다는 것으로 이는 진학이 아닌 진로를 먼저 생각하는 전형이다. 그래서 본 전형을 위해 대학들은 수험생들을 위한 학과정보를 제공하고 그 학과의 특성에 맞는 학생들을 선발하려고 많은 노력을 한다.

사실 입학사정관제가 성공하기 위해서는 자유학기제가 먼저 도입되었어야 했다. 왜냐하면, 자유학기제를 통해 진로를 탐색해 보고 고교시기에 진로를 선택하여 자신의 진로에 진학이 필요하다면 관련 학과를 선택하여 지원하는 것이 바람직하기 때문이다. 실제로 입학사정관으로 대입 전형에 참여해 본 필자의 경험에 의하면, 자신의 진로에 대한 탐색과 충분한 고민 없이 자기소개서 등을 작성한 예가 많았다.

현 정부도 이러한 문제점을 정확히 파악하고, 2013년 하반기에 자유학기제를 도입하였으며, 입학사정관전형을 학생부종합전형으로 바꾸어 시행하겠다고 발표한 것이다. 뿐만 아니라, 현 정부에서는 대학들이 학생부종합전형을 중심으로 대학 입시를 계획하도록 유도하기 위하여 2014년 3월 '고교교육 정상화 기여대학 지원사업 시행계획'을 발표하여 기여대학에 50억 원의 범위 내에서 정부지원을 한다고 한다.

시행계획 중 평가지표를 보면, 전형방법 간소화, 대입전형 사전예고 및 안내, 학교교육 중심의 전형 운영, 고른 기회 입학전형 확대 노력, 대학의 자율적인 대입전형 발전 운영 노력이 있는데, 그중 학교교육 중심의 전형 운영 부분에 가장 많은 배점을 두고 있다.

[고교교육 정상화 기여대학 지원사업 평가지표(한국대학교육협의회)]

학교교육 중심의 전형 운영 (30%)	• 학생부를 활용한 전형으로 어느 정도 선발하는가 • 학생부 위주 전형은 취지대로 운영하고 있는가 • 학생부 평가를 위한 여건은 충분한가 • 학생부 평가 인력의 전문성 향상을 위해 노력하는가

결국 자유학기제 기간 동안 성공적으로 진로 탐색을 하고, 나머지 기간 동안 올바른 진로 선택을 위해 꾸준히 노력한다면, 대학입학 시에도 학생부종합전형을 통해 좋은 결과를 이룰 수 있게 될 것이다.

3. 학생부종합전형의 '학생부'에 표시되는 진로 관련 기재내용

교육부는 2014년 학교생활기록부 기재요령(중고등학교)을 발표하였는데 이 자료를 보면, '진로희망사항'에 대한 기재요령이 있다. 진로희망사항에 기재되는 예들은 아래와 같다 .

• 00교육청에서 실시하는 '찾아가는 과학체험교실' 활동을 다녀온 후 과학에 대한 자신의 흥미를 확인하고 자신이 알고 있는 것에 대해 가르치는 즐거움을 깨달아 과학교사에 대한 꿈을 갖게 됨.

• 음악을 좋아하며 다양한 악기를 다룰 줄 알고 있는데 그중 본인이 제일 잘 연주할 수 있는 플루트를 전공하여 플루트연주자가 되기를 희망함.

- "바보처럼 공부하고 천재처럼 꿈꿔라"는 책을 읽고 근면, 성실, 열정이라는 특징을 가진 반기문 사무총장에 존경심을 갖게 되었고, 이 책을 지침으로 삼아 세계 평화를 추구하고 국제 분쟁을 해결하는 외교관이 되기 위해 노력함.

- 초등학교 시절 큰 수술을 받은 이후로 병든 사람을 고치는 직업의 위대함을 느끼며 자신의 병을 고쳐 준 의사처럼 유능하고 친절한 의사가 되고 싶다는 꿈을 갖게 됨.

- 평소 아이들을 좋아하고 아이들의 눈높이에서 이야기하고 물건을 만드는 데 관심이 많아 유아교육을 전공하여 아이들에게 꼭 필요한 교육을 하고 싶고 더 나아가 유치원을 직접 경영하길 원함.

- 현재 사진에 대한 관심이 많고, 시각디자인과 관련된 미술교육을 지속적으로 받고 있어 미래 유망 직종이 될 가능성이 높은 이모티콘 제작자로 진로를 희망함.

- 평소 자연현상에 대해 호기심이 많아 궁금한 사항을 기록하는 노트를 작성하고 있으며, 상대성이론과 양자역학과 관련된 '블랙홀 전쟁'이라는 책을 읽으면서 블랙홀에 관심이 커져 천체물리학자가 되고자 희망함.

- 스포츠 분야, 특히 축구에 흥미가 많아 전 세계의 다양한 프로리그와 선수명, 각 선수의 포지션, 스포츠 매니지먼트, 마케팅 등에 대한 각종 정보를 여러 매체를 통해 수집하고 정리하는 열정이 뛰어남. 스포츠 관련 전문 지식 및 국제적인 스포츠 경영 감각을 익힐 수 있는 스포츠에이전트를 희망함.

- 평소 소설을 즐겨 읽고 글쓰기를 좋아함. 언젠가 재미있게 읽은 소설이 방송 드라마로 다시 재연되는 것을 보면서 글감을 바탕으로 영상물을 만드는 작업에 매력을 느껴 방송프로듀서에 대한 꿈을 갖게 됨.

- 광고 관련 전시회를 통해 광고가 단순히 상품판매의 목적뿐만 아니라 또 하나의 창조작업임을 인식하고 광고디렉터가 되기 위해 관련 도서는 물론 전문가 인터뷰 영상 등을 찾아보며 좀 더 구체적인 탐색과 노력을 하고 있음.

- 교내 꿈 UCC 만들기 대회에 참가하여 시나리오를 작성하고 연출과 촬영을 주도하여 작품을 발표하는 과정에서 영화감독에 대한 꿈을 갖게 됨.

- 평소 경찰이 되어 사회정의를 실현하는 생각을 갖고 있다가 ○○관련 명사 초청특강을 들은 후 사회정의에 앞장서면서 사회적 약자에 대한 애정을 갖고 있음을 깨닫게 됨. 이후 실제 법 적용 사례에 대해 조사하는 과정에서 인권변호사라는 직업에 대해 관심을 갖게 됨.
- 평소 동물을 좋아하여 동물보호센터에서 봉사활동을 하면서 인간으로 인한 동물 피해, 인간과 동물과의 교감에 대하여 관심을 갖고 동물을 사랑하는 마음으로 수의사라는 직업에 관심을 갖고 관련학과 진학을 위해 준비하고 있음.

4. 대학입학평가자들의 학생부 해석 및 평가방법

대학입학평가자(예전 입학사정관)들은 어떻게 학생부를 종합적으로 해석하고 평가할까?

첫째, 평가자들은 학생들의 지원학과와 학생부와의 연관성을 확인한다.

학생부에서의 여러 항목들 예를 들어 수상경력, 자격증 및 인증 취득 상황, 교과학습 발달 상황 등 여러 영역에서 학생이 지원한 학과의 연관성을 확인하고 교과영역에서의 지원학과와 관련 있는 과목점수를 확인한다.

자신의 꿈을 찾고 관련 활동 및 공부를 열심히 한 학생이라면 학생부에서 자신의 노력의 결과가 여러 가지 유형으로 학생부에 보일 수 있도록 해야 한다.

중고등학교에서 관련 자격증에 도전하는 모습, 또는 관련 교과에서도 처음에는 저조하였으나 점차 성장하는 모습을 찾을 수 있다면 평가자들은 그 학생에 대해 다시 생각하게 된다.

예를 들어 외국어통역사가 꿈이라는 학생의 학생부를 평가할 때 그 학생의 언어 관련 성적, 즉 국어, 영어, 제2외국어 성적이 저조하다면 평가자들은 그 학생에 대해 대학에서의 성취도 역시 높지 않을 것이라 판단하게 된다.

　둘째, 나만의 차별화된 경험과 활동을 확인한다.

　기업의 인사담당자들이 이구동성으로 하는 말이 있다.

　"지원자들 스펙은 훌륭한데 개성이 없다."라는 것이다. 대학입학 평가자들도 마찬가지이다. 평가자들은 평가기간 동안 많은 양의 학생부를 보게 되는데 수많은 학생부들을 보다 보면 비슷한 활동과 경험들이 많이 있다.

　그렇기 때문에 학생 스스로 할 수 있고 자신의 개성과 색깔이 나타나는 지속적인 활동들을 찾아야 한다. 입학평가자들은 불필요하게 주변 사람들의 도움을 받아야 하는 활동들은 절대 선호하지 않는다. 반드시 학생 스스로 할 수 있는 활동들, 자신만의 개성을 살린 활동을 하도록 하자. 이런 것들을 준비하기 위한 첫 시작은 자신에 대해 한번 곰곰이 생각해 보는 것이다.

　나는 누구이며, 지금까지 어떤 경험을 하였는가? 무엇을 좋아하며 잘하는가? 내가 해보고 싶은 것은 무엇인가? 몇 년간 지속적으로 해도 즐겁고 보람 있는 일은 무엇인가? 내가 할 수 있는 일들 중에 내가 알고 있는 사람들, 또는 내가 살고 있는 지역의 부족한 부분은 어디인가? 직업 체험을 할 경우 도움을 받을 수 있는 기관은 어디인가? 관련 담당부서는…….

　이런 식으로 생각의 범위를 확장해 나간다면 나만의 다양한 활동과 체험들은 찾아 낼 수 있을 것이다.

셋째, 자기소개서는 제2의 학생부이다.

자기소개서는 평가자에게 나를 소개하는 한편, 평가자가 학생부에 있는 나의 장점을 좀 잘 해석할 수 있도록 도와주는 방향으로 써야 한다. 학생부에서 중요하지만 간과하기 쉬운 내용의 부연 설명도 반드시 덧붙인다. 많은 서류를 평가하는 평가자가 나의 장점을 다시 한 번 상기할 수 있도록 쓴다.

경험을 해보면 알겠지만 자기소개서는 갑자기 쓰려면 무척 어렵다. 이는 개인의 성장과 그 과정을 갑자기 만들어내기 어려운 것과 같다. 중학교 시기부터 자기 자신을 이해하고, 좋아하는 것을 찾고, 경험을 통해 느끼는 모든 것들을 기록하는 습관을 들인다면 이것들을 바탕으로 훌륭하게 자신을 소개할 수 있을 것이다.

5. 학생부종합전형에 대한 대비 – 에듀팟 활용

학생들은 학생부종합전형에 대해 어떻게 대비해야 할까?

자유학기제의 기본 취지에 맞추어 자신의 진로를 탐색하기 위한 노력이 우선되어야 한다. 다만, 대학 입시까지도 생각한다면 자유학기제 다이어리를 바탕으로 에듀팟에 자신의 활동 내용들을 충실히 기록해 놓자.

에듀팟은 학생이 자기 주도적으로 학교 내·외의 다양한 창의적 체험활동을 기록·관리하는 온라인 시스템으로, '창의적 체험활동 교육과정'의 네 가지 영역인 '자율활동, 동아리활동, 봉사활동, 진로활동' 중심의 활동 내용과 '사기소개서, 방과후학교활동' 등을 포함하는 교과 외 활동에 학생이 성실히 참여한 과정과 결과를 담는 그릇이다.

에듀팟은 2013년까지는 별개의 사이트로 운영되었으나 2014년부터 보다 적극적으로 학생들의 활동들을 학생 스스로 기록하도록 할 목적으로 교육행정정보시스템인 '나이스'와 통합되어 운영되고 있다.

에듀팟을 사용하기 위해서 나이스상의 학생 아이디가 필요하며, 회원가입을 하게 되면 중·고등학교 학적정보(학생정보 등록)가 자동적으로 시스템에 탑재된다.

각 활동들의 작성 시 유의사항, 작성방법 등에 대한 내용을 보면 대학입학 평가자가 학생부를 포함한 서류평가 시 주의 깊게 보는 내용들이 모두 포함되어 있다.

예를 들어 봉사활동을 살펴보면 아래와 같다.

〈출처 : '나이스' 사이트〉

208

에듀팟의 작성방법과 입학평가를 비교해 보면, 실제로 입학평가자들은 단순히 나열된 봉사활동보다는 학생 자신에게 그 봉사 활동이 어떤 의미가 있었는지를 더 보고 싶어 한다.

또한, 봉사활동을 통해 학생이 얼마나 성장하고, 이것이 어떻게 진로에 영향을 미쳤는지에 대한 관련성을 본다. 평가자들이 활용하는 봉사평가 항목에는 '일관성'과 '성실성'을 확인하는 항목이 있다.

그렇다면 왜 이런 것들이 에듀팟의 작성방법과 일치하는 것일까? 입학평가자들이 에듀팟을 설계하는 데 참여하였을까? 아니다. 위의 항목들은 학생들의 교육적 성장을 평가하는 데 있어서 핵심적인 내용으로 고교 입학 평가, 대학입학 평가 심지어 입사서류 평가에서도 공동적으로 평가되는 항목이기 때문이다.

입학사정관제가 처음 도입되었을 때 MIT, 스탠포드, 버클리 등 미국 명문 대학들의 입학처장을 초청해 미국 명문 대학에서는 어떻게 학생들을 평가하는지를 들었다. 세미나를 마치고 공항으로 향하는 차 안에서 "어떻게 하면 학생들을 잘 평가할지 고민이에요."라는 필자의 말에 30년 평가 경력의 스탠포드 입학처장은 "너무 걱정하지 마세요. 좋은 학생은 척 보면 압니다."라고 답하신 것이 기억난다.

어찌 보면 너무 단순한 것 같지만 누가 봐도 훌륭한 학생은 대학 평가자들이 보았을 때에도 훌륭하다는 것이다.

시중에 나와 있는 학생부전형(입학사정관제) 관련 정보나 책들을 보면, 2009년도 책이든, 2014년 최근 책이든, 또 저자가 입학사정관이든, 현직 교사든, 사교육 종사든 상관없이 그 내용은 대동소이하나.

> 봉사활동을 통해 학생이 얼마나 성장하고, 어떻게 진로에 영향을 미쳤는지에 대한 관련성을 본다. 평가자들이 활용하는 봉사평가 항목에는 '일관성'과 '성실성'을 확인하는 항목이 있다.

이는 학생부전형을 통한 대학입학의 경우 굳이 무슨 특별한 비법이 있는 것이 아니라 좋아하는 것을 찾아 학업과 활동을 열심히 하면서 자신만의 역사를 성실히 기록해 놓는 것이 중요하다는 것을 의미한다. 또 이는 이 전형을 처음 만들었을 때 내걸었던 '사교육을 억제하고 공교육을 정상화하겠다'는 취지이기도 하다.

이렇듯, 에듀팟에 있는 작성방법은 모든 입학평가자가 눈여겨보는 부분과 일치할 수밖에 없다. 학생들이 에듀팟을 통해 상급학교 평가자들이 무엇을 중점적으로 보는지를 이해하고 자신의 활동과 경험, 느낌들을 잘 기록해 나간다면 전문가의 가이드를 받으며 진학을 준비하는 것과 같을 것이다.

비교과 활동들을 평가하는 평가항목들은 에듀팟에 있는 작성방법과 많은 연관성이 있으므로 학생들은 자유학기제뿐만 아니라 재학기간 동안 에듀팟을 지속적으로 활용하도록 하는 것이 많은 도움이 된다.

현재 대학입학전형에서도 에듀팟의 기록 자체를 평가자료로 제출하도록 하는 대학이 있는데 그 수는 점차적으로 늘어나는 추세이다. 비록 에듀팟 서류 자체를 전형자료로 받지 않는 대학이 있더라도 학생들의 여러 활동을 지속적으로 충실히 기록한 내용은 자기소개서 작성 또는 대학이 원하는 추가서류 작성 시 유용하게 활용될 수 있으므로 학생들의 에듀팟 활용을 적극 추천한다.

참고로 2015년 학생부전형 자기소개서 공통양식(교육부 발표)을 보면, 자유학기제 기간 동안 다이어리를 바탕으로 자신의 경험을 기재해 놓는 것이 얼마나 중요한지 알 수 있다.

[2015년 학생부전형 자기소개서 공통양식(교육부 발표)]

작성 시 유의 사항

1. 자기소개서는 지원자 본인이 작성하여야 하고, 사실에 입각하여 정직하게 지원자 자신의 능력이나 특성, 경험 등을 기술하여야 합니다.

2. 자기소개서에 기술된 사항에 대한 사실 확인을 요청할 경우 지원자는 적극 협조하여야 합니다.

(중략)

5. 학생부 위주 전형의 자기소개서는 공교육 내에서 이루어진 활동을 작성하는 취지이므로, 위에서 제시되지 않은 항목이라도 사교육 유발요인이 큰 교외 활동(해외 어학연수 등)을 작성했을 경우, 해당 내용을 평가에 반영하지 않습니다.

공통문항

1. 고등학교 재학기간 중 학업에 기울인 **노력과 학습 경험에 대해, 배우고 느낀 점**을 중심으로 기술해 주시기 바랍니다(1,000자 이내).

2. 고등학교 재학기간 중 본인이 의미를 두고 노력했던 교내 활동을 **배우고 느낀 점**을 중심으로 3개 이내로 기술해 주시기 바랍니다. 단, 교외 활동 중 학교장의 허락을 받고 참여한 활동은 포함됩니다(1,500자 이내).

3. 학교생활 중 배려, 나눔, 협력, 갈등 관리 등을 실천한 **사례**를 들고, 그 과정을 통해 **배우고 느낀 점**을 기술해 주시기 바랍니다(1,000자 이내).

자율문항

지원 동기 등 학생을 종합적으로 판단하기 위해 필요한 경우 대학별로 1개의 자율 문항을 추가하여 활용하시기 바랍니다(글자 수는 1,000자 또는 1,500자 이내로 하고 대학에서 선택).

자유학기제를 위한
교사활용 자료

Oral Presentation (구두발표)

Teacher Assessment (교사평가)

Student's Name(학생이름) _____ Class(반) _____

Subject/Module(과목) _____ Date(날짜) _____

Task(과제)

5 Excellent 4 Very Good 3 Good 2 Fair 1 Poor
(아주훌륭함) (매우좋음) (좋음) (보통) (나쁨)

	Rating (점수)	Comment (의견)
Clarity(명확성)		
Fluency(유창성)		
Coherence of presentation(발표의 일관성)		
Eye contact(시선 맞춤)		
Other body language(신체언어 활용)		
Humour(유머)		
Management of time(시간 안배)		
Knowledge of topic(주제와 관련된 지식)		
Originality(독창성)		
Initiative(진취성)		
Accompanying visual aids(시각자료 사용)		
Dealing with audience(청중 상대)		
Wrapping up(마무리)		
Overall Performance(종합평가)		

Exhibition of Work (작품전시)

Year-End Assessment (학년말평가)

Student's Name(학생이름) _____   Class(반) _____

Subject/Module(과목) _____   Date(날짜) _____

Work(작품)

	Summative Assessment(누적평가)
Areas to consider(고려항목)	
Interest in subject(주제에 대한 관심)	
Enthusiasm(열의)	
Knowledge of subject(주제에 대한 지식)	
Research of subject(주제연구 조사)	
Presentation(발표)	
Aesthetic ability(심미적 능력)	
Illustrations(삽화)	
Handouts(작품 관련 배부자료)	
Use of technology(기기사용)	

Signed _____

Personal Development
CHECKLIST (체크리스트)

Student's Name(학생이름) _____   Class(반) _____

Date(날짜) _____

	Excellent (매우훌륭함)	Above Average (평균 이상)	Needs, some Attention (약간의 노력 요함)	Needs lots of Attention (많은 노력 요함)
Punctuality(시간엄수)				
Appearance(용모단정)				
Courtesy(공손함)				
Enthusiasm(열의)				
Attitude to instruction (교사지시에 따르는 태도)				
Reliability(신뢰도)				
Initiative(진취성)				
Responsibility(책임감)				
Self-confidence(자신감)				
Self-discipline(자기통제)				
Creativity(창의성)				
Leadership(리더십)				
Working with others(협동심)				
Working independently(독립성)				
Listens attentively(경청)				
Observes rules(규칙준수)				

The two areas most in need of attention for this student's personal and social development this term are
(이 학생의 개인적 발전과 사회성 발달에 아래의 2가지 항목에 대한 관심이 필요합니다.)

1._____

2._____

This development can be promoted by the following activities or interventions:
(위 항목의 발전을 위해서 아래의 활동과 관여가 필요합니다)

Signed _____   Date _____
     Teacher

[종합평가표]

<table>
<tr><td colspan="4" rowspan="3">(Insert School Heading here.)
(학교명)</td><td colspan="2">Transition Year - Student Report
(전환학년)   (학생성적표)</td></tr>
<tr><td colspan="2">Name(이름) _____ Class(반)_____</td></tr>
<tr><td colspan="2">Report from _____ to_____
(기간)</td></tr>
</table>

Areas of Study (과목)	Ratings (점수)			Comments (의견)
	Attendance (기간)	Participation (참여도)	Performance (성과)	

Overall Commest

Signed _____   Date _____

〈출처 : TYP Resource material , Professional Development Service for Teachers〉

[개인 및 사회성 발전에 대한 학생 및 교사의 공동평가]

Name(학생이름) _____

Class(반) _____

Date(날짜) _____

	Student's Rating (학생평가)	Tutor's Rating (교사평가)
1. Participation in Transition Year(TY 참여도)		
2. Attendance(출석)		
3. Punctuality(시간 엄수)		
4. Completion of work on time(기한내 과제물 완수)		
5. Oral communication skills(구두의사 소통능력)		
6. Written communication skills(문장의사 소통능력)		
7. Co-operation with others(타인과의 협력)		
8. Dealings with people in authority(교사 및 외부기관 어른들 상대)		
9. Development of initiative(진취성 발전)		
10. Takes responsibility for own actions(책임감)		
11. Interest in the welfare of others(타인의 복리후생에 대한 관심)		
12. Leadership skills(리더십)		
13. General self-presentation(자기표현)		

5 Excellent(아주훌륭함) 4 Very Good(매우좋음 3 Good(좋음) 2 Fair(보통) 1 Poor(나쁨)

Student's comments in the light of both ratings (공동평가에 대한 학생의 의견)

I think that I need to...
(내가 생각하기에 나는 ~이 더 필요하다)

Signatures _____   _____
           Student   Tutor

This joint assessment should take place at least twice during Transition Year (이 공동평가는 적어도 TY 기간 중 2회는 진행되어야 한다.)

Transition Year Survey

This is a survey about your experience of Transition Year so far. It will help us in the planning of the rest of this year possible. Thank you for your cooperation.

(이 설문은 현재까지 진행된 학생들의 TY 경험에 대한 설문조사이다. 이 조사는 남은 TY 기간과 내년 TY 계획을 세우는 데 도움이 될 것이다. 이 조사는 비공개 조사이다.)

What's your name? (학생이름은?)

_____

What class are you in? (반은?)

_____

How do you rate Transition Year so far? (지금까지의 TY를 평가한다면?)	Excellent 매우 훌륭함	Good 좋음	Average 보통	Fair 별로	Poor 나쁨

Which of the following teaching methods took place in CLASS TIME during this year?
(수업시간에 어떤 교수법이 활용되었는가?)

- ⊔ Discussions(토론)
- ☐ Use of Computers(컴퓨터 활용)
- ☐ Use of Handouts(유인물 활용)
- ☐ Note taking(필기)
- ☐ Practical work(실제 활동)
- ☐ Listening to CD's(CD 듣기)
- ☐ Project Work(프로젝트 활동)
- ☐ Use of textbooks(교과서 활용)
- ☐ Use of Library(도서관 활용)
- ☐ Use of DVD(DVD 활용)

List the subject/s where Discussion took place
(토론이 활용되었던 과목들은 어떤 것이 있는가?)

_____

List the subject/s where Use of Computers took place
(컴퓨터가 활용되었던 과목은 어떤 것이 있는가?)

_____

List the subject/s where Use of DVD took place
(DVD가 활용되었던 과목들은?)

List the subject/s where Project work took place
(프로젝트 수업이 진행된 과목은?)

List THREE highlights of the year so far.
(지금까지의 TY 기간 중에 가장 인상적이고 좋았던 것 세 가지는 어떤 것이 있는가?)

Explain why were each of these a highlight (그 이유는?)

List THREE lowpoints of the year.(again these can be on any aspect)
(TY 기간 중 가장 안 좋았던 점 세 가지는 어떤 것들이 있는가?)

Explain why were each of these a lowpoint (그 이유는?)

Which of the following statements best describes the homework set during the
year so far? Tick the comments that apply. You may select more than one.
(아래의 어떤 문장이 과제에 대해 가장 잘 표현되었는가? 해당되는 것에 표시하라. 한 개 이상 고를 수 있다.)

☐ Homework was set every week(과제가 매주 있었다.)

☐ Homework was set every two weeks(과제가 2주마다 있었다.)

☐ Homework was set infrequently(과제가 드물게 있었다.)

☐ Homework was never set(과제가 전혀 없었다.)

☐ Too much homework was set(너무 많은 과제가 있었다.)

☐ Too little homework was set(너무 적은 과제가 있었다.)

☐ The amount of homework was just right(과제의 양이 적당했다.)

What subject sets the most homework? (어떤 과목이 과제가 가장 많았나?)

_____

What subject sets the least homework? (어떤 과목이 과제가 가장 적었나?)

_____

How long would you estimate you spent on homework each NIGHT on AVERAGE over the year so far?
(매일 저녁, 평균 얼마의 시간을 과제에 할애했는가?)

- ○ Less than 1 hour(1시간 미만)
- ○ Between 1 hour and 1.5 hours(1시간 ~1.5시간 사이)
- ○ Between 1.5 hours and 2 hours(1.5시간~2시간 사이)
- ○ Over 2 hours(2시간 이상)

Which 3 of the following statements best describes your experience of this year so far?
(지금까지의 경험을 가장 잘 표현한 문장 세 가지를 고른다면?)

- ☐ I enjoyed it(즐거웠다)
- ☐ It was alright(괜찮았다)
- ☐ It was boring(지루했다)
- ☐ It was too difficult(너무 어려웠다)
- ☐ It was too easy(너무 쉬웠다)
- ☐ It was interesting(흥미로웠다)
- ☐ I learnt a lot(많이 배웠다)
- ☐ I learnt some useful things(실질적인 유용한 것들을 배웠다)
- ☐ I learnt nothing(배운 것이 없다)

List your 5 favourite subjects in order of preference
(가장 좋았던 과목을 순서대로 5가지 적으시오.)

1. _____
2. _____
3. _____
4. _____
5. _____

Why is this your first choice? (왜 이 과목을 가장 좋아하게 되었나?)

List your 3 least favourite subjects, placing the least favourite at No. 1
(가장 싫었던 과목 3가지를 그 순서대로 적으시오.)

1.

2.

3.

Why this? (그 이유는?)

Student self assessment. How do you rate yourself at this stage in the year?
(내 자신에 대한 평가이다. 나에 대해 평가를 해본다면?)

	Excellent 매우 훌륭함	Good 좋음	Average 보통	Fair 별로	Poor 나쁨
Punctuality(시간 엄수)					
Observence of rules(규율 준수)					
Ability to work independently (자기 주도적 능력)					
Ability to work in a team(협동심)					
Courtesy(공손함)					
Enthusiasm(열정)					
Ability to take criticism(비판수용 능력)					
Ability to take instructions(지시 수용력)					
Responsibility(책임감)					
Self-confidence(자신감)					
Self-discipline(자기 통제)					
Creativity(창의성)					
Leadership(리더십)					
Initiative(진취성)					
Ability to learn(배우는 능력)					

Do you have a job outside of school this year? (외부 직업체험을 했는가?)

○ Yes

○ No

	Very easy 매우 쉬움	Easy 쉬움	Average 보통	Difficult 어려움	Very Difficult 매우 어려움
How have you found getting work experience Placements this year? (직업체험장을 찾는 것이 어떠했는가?)					

How would you rate the speakers we have so far this year?
(연사에 대해 어떻게 평가하는가?)

	Excellent 매우 훌륭함	Good 좋음	Average 보통	Fair 별로	Poor 나쁨
OOO 연사					
OOO 연사					
OOO 연사					
OOO 연사					
OOO 연사					

What careers would you like to hear from a speaker about during the rest of the year?
(남은 기간 동안 어떤 직종의 강연을 듣고 싶은가?)

Do you have any suggestions for new modules to be covered in Transition Year and what are they?
(TY에 새로 도입했으면 하는 과목을 제안한다면 어떤 것이 있겠는가?)

〈출처 : Wesley College〉

고용주에게 보내는 직업체험 관련 정보 제공지

친애하는 고용주께

우리 학교 학생 _____에게 직업체험장을 제공해 주셔서 감사드립니다.

직업체험은 우리 학교에서 자유학기제 기간 동안 진행하는 필수 교육의 일환입니다. 학교에서 가입한 보험은 학생들이 직업체험을 하는 동안 손해를 끼쳤을 경우 배상할 것입니다. 학생들이 참여한 직업체험에 신체적 작업요소가 포함되어 있다면 학교에서 보험회사에 이를 통지하여야 함으로 사전에 알려주시길 바랍니다.
우리 학생들에게 직업체험장소를 제공하는 고용주의 경우, 고용주가 가입한 보험에 의해 배상받을 수 있습니다. 과거 경험에 비추어 보험회사는 추가 보험비를 요청하지 않으나, 만일 그러한 경우가 생겼을 경우 학교가 고용주에게 추가분을 지급해 드립니다.

질의가 있으시면 학교 담당자 OOO에게 연락주시기 바랍니다.

·······························아래 부분 절취하여 학교에 제출·····························

직업체험장 확인서

나는 _____을 위한 작업장을 _____에게 _____부터까지 제공할 것을 동의한다.
이 학생은 아래의 직업체험에 참여할 것이다.

보험보장

친애하는 학부모님께

학교에서 가입한 보험은 학생들이 직업체험을 하는 동안 손해를 끼쳤을 경우 배상할 것입니다. 학생들이 참여한 직업체험에 신체적 요소가 포함되어 있다면 보험회사에 통지하기 위해 사전에 알려주시길 바랍니다.

우리 학생들에게 직업체험 장소를 제공하는 고용주의 경우, 고용주가 가입한 보험에 의해 배상받을 수 있습니다. 과거 경험에 비추어 보험회사는 추가 보험비를 요청하지 않으나, 만일 그러한 일이 생겼을 경우 학교가 고용주에게 추가분을 지급해 드립니다.

····························아래 부분 절취하여 학교에 제출····························

자녀 직업체험 동의서

나는 _____가 _____에서 _____부터

_____까지

직업체험하는 것을 허락합니다.

직업체험 시 신체적 활동 요소가 있음/없음을 확인합니다.

서명_____   날짜_____

학부모

고용주의 학생 평가서

학생이름:

회사명:

체험기간:

관리자 이름:

가이드라인 : 이 평가서는 직업체험활동의 중요한 부분으로, 체험 시 학생들의 참여 태도 및 성취도에 대해 직업체험장의 관리자가 평가하도록 하고 있습니다.

아래의 평가기준에 따라 직업체험 기간 동안 고용주께서는 학생의 성취도를 평가해 주십시오.

평가기준	매우 잘함	잘함	보통	부족	매우 부족
일에 대한 관심					
복장					
지시에 따르는 능력					
수행한 일에 대한 질					
실제 기술					
작업장 기기 및 컴퓨터 활용 능력					
시간 지키기					
성실성					
직원과의 관계					
관리자와의 관계					
고객 응대 능력					
직원의 지적을 수용하는 태도					
자기 주도능력					
업무적응력					

나만의
성장노트

자유학기
학생 다이어리

DIARY

자유학기 다이어리 활용법

자유학기제 동안 학생들은 다양한 경험을 하게 된다. 그 소중한 경험들을 놓치지 않고 잘 활용하려면 내가 경험한 모든 것들을 다이어리에 적도록 한다. 예를 들어 성취한 것, 배운 것, 어려웠던 점 등 다양한 경험과 생각들을 적어서 기록해 둔다면 '나만의 성장 노트'가 될 수 있다. 특히, 교과 및 자율수업활동, 직업체험, 지역사회 참여, 진로 강연 등에 대한 것들은 상세히 기록해 놓도록 한다. 물론 이 다이어리와 함께 비디오 일기, 스크랩북, 디지털 기기를 활용한 다양한 도구들도 기록에 활용될 수 있다.

다이어리에 적은 창의적체험활동(자율활동, 동아리활동, 봉사활동, 진로활동) 관련 기록들은 창의적체험활동 기록관리 시스템인 에듀팟에 입력하여 추후 상급학교 진학 시 비교과영역 전형자료로도 활용한다.

 과제

자유학기제 과정 동안 여러 과제를 부여받게 된다.

수행해야 할 과제들의 종류는 쓰기 과제, 읽기 과제, 배우는 과제, 조사 과제, 장기간 수행해야 될 과제, 단기간 수행할 과제 등이 될 수 있다.

과제를 수행하는 동안 학생들은 자기 주도적으로 학습하는 능력을 익히게 될 것이다. 자기가 주도하여 주어진 기한 안에 계획을 짜고, 과제를 이행하기 위해 아래의 사항들을 참고한다.

- 과제에 따라 이행 기한이 다를 수 있으므로 과제 이행 시간을 잘 배분하는 방법을 익히도록 한다.
- 이행해야 될 과제들을 성실히 〈다이어리〉에 적도록 한다. 또한, 이행 기한들도 적어 놓도록 한다.
- 장기수행 과제의 경우 세부 이행계획을 세운다.
- 과제 이행으로 써야 될 시간들은 매일 적절히 배분하여 사용한다.
- 과제 이행 과정 중에 어려운 점이 발생하게 된다면 즉시 선생님에게 알리도록 한다.

 지역사회 참여

자신이 참여한 지역사회 봉사활동들을 상세히 기록해 놓는다.

지역사회 참여에는 환경에 대한 것, 공익을 위한 기금모금, 인명구조를 위한 교육 동아리 조직 및 활동, 평화와 통일을 위한 활동(학생이 할 수 있는), 사회적 약자를 돕는 활동, 버려진 동물보호활동, 지역사회 도서관 봉사 등 우리 사회에서 필요로 하는, 또는 개선되어야 할 분야의 여러 가지 영역들이 있다.

• 봉사활동 영역 및 내용

영역	내용
교내 봉사활동	학습부진 친구, 장애인, 병약자, 다문화가정 학생 돕기 등
지역사회 봉사활동	복지시설, 공공시설, 병원, 농어촌 등에서의 일손 돕기 등
	불우이웃돕기, 고아원, 양로원, 병원, 군부대에서의 위문 활동 등
	재해 구호, 국제 협력과 난민 구호, 헌혈 등
자연환경 보호활동	깨끗한 환경 만들기, 환경 보전, 자연 보호, 식목활동, 저탄소 생활습관화 등
	공공시설물, 문화재 보호 등
캠페인활동	공공질서, 교통안전, 헌혈, 각종 편견극복 등에 대한 캠페인 활동 등

〈출처 : 에듀팟 매뉴얼〉

• 봉사활동 도움자료

청소년자원봉사 사이트(http://www.dovol.net)

청소년활동 종합서비스(http://www.all4youth.net)

한국자원봉사협의회((http://www.vkorea.or.kr)

사회복지 봉사활동 인증관리(http://www.vms.or.kr)

월드비전(http://www.worldvision.or.kr)

세이브더칠드런(http://www.sc.or.kr)

유니세프(http://www.unicef.or.kr)

자원봉사포털(http://www.1365.go.kr)

굿피플(http://www.goodpeople.or.kr)

헤비타트(http://www.habitat.or.kr)

〈출처 : 에듀팟 매뉴얼〉

 평가 및 수상

자유학기제 기간 동안 학생들은 정기적으로 평가를 받는다. 어떤 경우에는 학생 스스로 평가자가 되기도 하는데 예를 들어, 학생 자신에 대한 평가, 외부활동에 대한 평가, 강사에 대한 평가, 연사에 대한 평가, 과제에 대한 평가 등이 이루어진다.

학생들의 활동 및 평가들은 학교생활기록부에 기록이 되는데 이 기간 동안에 이루어진 활동뿐만 아니라 학생들의 학업능력 향상, 수상 등에 관한 내용도 포함된다.

 이력서 작성

자유학기제 후반부에는 희망 직업에 대한 모의 이력서를 작성해 보고 모의 인터뷰도 진행해 보도록 하자.

직업체험 지원을 위해 이력서를 작성해 보면 내가 미래에 이 일을 하기 위해 학업적인 면과 경험적인 면에서 무엇이 더 필요한지를 알 수 있을 것이다.

이력서가 준비되면 이를 바탕으로 모의 인터뷰도 진행해 본다. 이 인터뷰는 각 분야에서 종사하고 계신 전문가와 학부모님들이 주도하여 진행하면 좋다.

 직업 정보

다양한 직업을 알기 위해 각 직업에 종사하는 전문가들의 강연을 듣고 그분들이 무슨 일을 하는지, 또 그 일을 하기 위해서는 무엇이 필요하며, 어떤 준비를 해야 하는지 등에 대해 알아본다.

학생들은 시작 전 그 직업에 대해 사전에 조사해 보고, 연사에게 궁금한 것들을 정리해서 질문하도록 한다. 이밖에 수업시간에는 다양한 직업의 종류와 그 직업들이 무슨 일을 하는지에 대한 내용을 배우며 직업에 대해 궁금한 사항들이 있을 경우 교사에게 질문하도록 한다. 또한, 부모님들의 좋은 조언들도 도움이 된다.

> 최선을 다해 노력하고 즐기도록 하자.
> 자유학기제 기간 동안 많은 것들을 경험해 볼 수 있는 기회가 올 것이다.
> '작은 기회 안에서 인생의 기회를 잡는다.'라는 말이 있는 것처럼 학생들은 한 학기 동안 최선을 다해 노력하고 즐기면서 많은 것들을 얻어 가기를 바란다.

직업체험 다이어리 활용법

 직업체험

자유학기제 기간 동안 직업체험을 하면서 직업에 관한 많은 경험을 할 것이다.

각 직업체험 기간에 한 일, 느낀 점들을 다이어리에 정리해 놓는다.

또한, 직업체험 후 보고서 작성을 위하여 '보고서 작성방법'을 참고한다. (p.235)

 직업체험을 통해 많은 것을 얻기 위한 방법

직업체험에서 학생들이 최대한 많은 것을 얻기 위해서는 체험 전 준비, 체험활동, 체험 후 활동의 3가지가 매우 중요하다.

체험 전 준비
- 내가 관심 있는 분야의 체험 장소를 찾는다.
- 고용주에게 자신에 대해 잘 나타낸다.
- 고용주가 무엇을 기대하는지 이해한다.

체험활동
- 체험하기 좋은 시간대를 선택한다.
- 자신을 잘 나타내기(적정한 복장 착용 등)
- 회사의 지시 잘 따르기
- 안전 수칙 준수
- 주어진 일 완수
- 다른 직원과 잘 어울리기
- 예의바르게 행동하기

체험 후 활동

• 체험장소에 대해 생각해 보기(무엇을 배웠나?)

• 수업시간에 체험장소에 대해 이야기하기

• 체험장소에 대한 보고서 작성

• 체험장소에 비추어 미래직업에 대해 구체적으로 생각해 보기

체험활동 후 직업체험을 제공한 회사와 직원에게 감사편지를 반드시 보낸다. 언젠가 그곳이 다시 인턴십을 하는 장소가 되거나 향후 실제 직장이 될 수도 있다.

직업체험 보고서 작성법

학생들은 직업체험이 끝난 후 보고서를 작성하여 교사에게 제출한다. 또, 가능하다면 발표를 통해 친구들과 내용을 공유해 보도록 하자. 이 때 보고서는 다양한 방법을 활용하여 작성될 수 있다. 파워포인트, 오디오 비주얼 DVD, 인터뷰 녹음, 칠판 활용 등. 발표 시 프레젠테이션의 분량은 5분에서 10분 사이가 적당하다.

 보고서에 무엇을 담을 것인가?

상호명과 직업장소에 대한 설명
내가 참가하였던 체험 장소에 대한 상호명과, 실제 진행하였거나 관찰한 업무에 대한 간략한 설명을 한다.

이곳을 선택한 이유
본인이 향후에 하고자 하거나 관심이 있는 분야의 직업체험 선택이 이상적이다. 직업체험의 기회를 통해 미래에 하고자 하는 일에 대한 정보와 기술, 경험 등을 얻어 실제 직업을 선택할 때에 참고할 수 있을 것이다.

※ 직업체험, 한 주간의 다이어리를 작성하도록 한다.
　하루에 한쪽 정도의 분량이 적당하다.
　이것은 프레젠테이션 보고서를 작성할 때 좋은 자료로 활용될 수 있다.
　(p.271~p.282 참조)

성과 분석
대부분의 경우, 다이어리의 내용은 실제 본 것과 경험한 사실 위주로 작성된다. 작성 시 아래의 내용들이 포함되도록 한다.

- 직업체험 기간 동안 어떻게 익숙하지 않은 일을 익혔는지?
- 직업체험 시 어려움이 있었다면 그것을 어떻게 극복했는지?
- 고객 및 직원들과 어떻게 지냈는지?
- 체험장의 직원들은 어떻게 나를 평가했는지?
- 그 조직과 작업환경이 나에게 맞았는지?
- 직업체험이 계기가 되어 진짜 직업을 찾을 수 있다고 생각하는지?
- 직업체험의 경험과 인맥 등이 나의 미래 직업과 관련성이 있는지?

가정, 학교, 지역사회를 통하여 직업체험장에 지원한 방법 등에 대해 설명하고, 그곳에서 무엇을 경험하고 지식을 쌓았는지에 대해서도 보고서에 포함시킨다.
'나의 강점 찾기(Skill Checker)' 등을 활용하여 내가 어떤 강점을 이미 가지고 있으며, 직업체험을 통해 이를 어떻게 향상시켰는지에 대해서도 설명한다.

주간 다이어리

Weekly Diary

자유학기제 기간 동안 나의 목표

자유학기제 동안 이루고자 하는 5가지 목표를 순서대로 표시해 보자.

____ 어른(교사, 부모 등)들과 잘 지내기

____ 자신 있게 사람들 앞에서 이야기하기

____ 학교와 배움에 대해 보다 긍정적인 태도 갖기

____ 내 또래 친구들과 잘 지내기

____ 수월하게 결정 내리기

____ 내 의도와 생각을 정확하게 전달하기

____ 자기 주도적으로 공부하기

____ 직업과 직업인의 생활에 대해 보다 잘 이해하기

____ 성숙한 사람 되기

____ 자유학기제 이후에 무엇을 할지 계획세우기

____ 선생님들에게 잘 협조하기

____ 나에 대해서 배우기

____ 새로운 기술 익히기

____ 자격증에 도전

____ 기타

> 하버드대 연구결과를 보면 평상시 자신의 목표를 뚜렷하게 기록한 졸업생들의 수입총액이 그렇지 않은 학생들보다 10배나 더 많았다고 한다. 이렇듯 기록은 생각과 말보다 강력한 힘을 발휘한다.

자유학기가 끝났을 때 나는 ~을 할 수 있다.

예) *내가 무엇을 좋아하고 잘하는지 알 수 있다.*

_____

_____

나는 자유학기제 기간 동안 ~을 성취하기를 희망한다.

예) 국제 및 국내 시사문제에 관심을 갖는다.

나는 ~이 좀 더 나아졌으면 좋겠다.

예) 토론 시 친구들의 의견을 존중하면서도 나의 의견을 잘 전달하는 능력이 길러졌으면 한다.

나는 더 ~ 하게 되고 싶다.

예) 나는 나의 꿈을 더 구체적으로 그리고 싶다.

나는 덜~ 하게 되고 싶다.

예) 나는 남들 앞에서 발표할 때 덜 긴장하는 법을 배우고 싶다.

자유학기제 활동

1) 기본 교과

자유학기제에서 가장 많은 부분을 차지하는 것은 학교 안에서 진행되는 교과수업과 자율수업이다. 자유학기제에서는 수시로 학생들의 성취수준을 파악하고 개인이 세운 목표를 얼마큼 달성했는지를 확인한다. 이를 준비하기 위해 학생들은 아래 로드맵에 따라 수업의 과정을 기록해 놓는다. 기록의 힘은 크다.

과목명 :

날짜 :

1. 학습목표(핵심 성취기준)는 무엇인가?

2. 수업을 위해 무엇을 준비해야 하나 ?

3. 이 과목의 수업방법은 무엇인가?(토론, 실험, 그룹프로젝트, 기타)

4. 수업시간에 배운 내용은 무엇인가?

5. 수업 후 나의 어떤 역량이 성장되었는가?

6. 학습목표에 도달하였는가?

7. 학습목표에 도달한 / 도달하지 못한 이유는 무엇인가?

8. 수행과제 및 수행기한

2) 자율수업(진로탐색 / 동아리 / 예술·체육 / 선택프로그램)

활동명 :

날짜 :

1. 참여동기 / 활동 목표는 무엇인가?

2. 오늘의 진행사항은 무엇인가?

3. 내가 의사결정한 부분은 무엇인가?

4. 친구들과 협동한 부분은 무엇인가?

5. 문제를 해결한 점은 어떤 것이 있는가?

6. 오늘 활동 중 어려웠던 점은 무엇인가?

7. 오늘 활동에서 배운 점은 무엇인가?

8. 활동목표에 도달하였는가?

9. 목표에 도달한 / 도달하지 못한 이유는 무엇인가?

10. 오늘의 활동을 통한 나의 성장을 한 문장 또는 단어로 표현한다면?

3) 지역사회 참여

활동명 :

날짜 :

1. 참여동기 / 활동 목표는 무엇인가?

2. 오늘의 진행사항은 무엇인가?

3. 내가 의사결정한 부분은 무엇인가?

4. 친구들과 협동한 부분은 무엇인가?

5. 문제를 해결한 점은 어떤 것이 있는가?

6. 오늘 활동 중 어려웠던 점은 무엇인가?

7. 오늘 활동에서 배운 점은 무엇인가?

8. 활동목표에 도달하였는가?

9. 목표에 도달한 / 도달하지 못한 이유는 무엇인가?

10. 오늘의 활동을 통한 나의 성장을 한 문장으로 표현한다면?

4) 진로강연

Date.   강연자.

현재 연사의 현재 직업에 대해 적어보기 (강연에 앞서 이 직업에 대한 사전조사 내용도 적어본다.)

연사가 예전에 다른 직업이 있었다면 적어보기

이 직업을 위해 학교 졸업 후 받은 교육

왜 이 직업을 선택했는가?

이 직업에 있어서 가장 좋은 점은?

이 직업에 있어서 가장 어려운 점은?

이 일을 하면서 가장 기억에 남는 것은 무엇인지?

어떤 성격의 사람이 이 직업에 적합할까?

이 직업을 갖기 위해 학교에서 공부해야 하는 과목들

이 직업의 미래 전망 및 계획

이 직업은 나에게 흥미로운 직업인가?

이 직업을 갖기 위해서 어떤 과정을 거쳐야 하는가? 요구되는 필수 과정과
과목들을 확인하고 내가 선택한 과목들 및 과정과 비교해 보기

5) 나의 평가

자유학기제 기간 동안 나의 평가

이름 _____ 반 _____

날짜 _____

	점수	학생평가 의견
1. 참여도		
2. 출석		
3. 시간 엄수		
4. 기한내 과제물 완수		
5. 구두의사 소통능력		
6. 문장의사 소통능력		
7. 타인과의 협력		
8. 교사 및 외부기관 어른들 상대		
9. 진취성 발전		
10. 책임감		
11. 타인의 복리후생에 대한 관심		
12. 리더십		
13. 자기표현		

5점 (아주 훌륭함) 4점 (매우 좋음) 3점 (좋음) 2점 (보통) 1점 (나쁨)

위 평가에 대한 학생의 의견

내가 생각하기에 나는 ~ 이 더 필요하다.

주간 다이어리 예시

WEEK COMMENCING   년   월   일

MONDAY
오늘의 주요사항 적기 ◀

기본교과
1. 학습목표(핵심 성취기준)는 무엇인가?
2. 수업을 위해 무엇을 준비해야 하나 ?
3. 이 과목의 수업방법은 무엇인가?(토론, 실험, 그룹프로젝트, 기타)
4. 수업시간에 배운 내용은 무엇인가?
5. 수업 후 나는 어떤 역량이 성장되었는가?

TUESDAY
오늘의 주요사항 적기 ◀

자율수업
1. 참여동기 / 활동 목표는 무엇인가?
2. 오늘의 진행사항은 무엇인가?
3. 내가 의사 결정한 부분은 무엇인가?
4. 친구들과 협동한 부분은 무엇인가?
5. 문제를 해결한 점은 어떤 것이 있는가?

WEDNESDAY
오늘의 주요사항 적기 ◀

지역사회 참여
1. 참여동기 / 활동 목표는 무엇인가?
2. 오늘의 진행사항은 무엇인가?
3. 내가 의사 결정한 부분은 무엇인가?
4. 친구들과 협동한 부분은 무엇인가?
5. 문제를 해결한 점은 어떤 것이 있는가?

THURSDAY
오늘의 주요사항 적기 ◀

진로강연
1. 현재 연사의 직업에 대해 적어보기
2. 연사가 예전에 다른 직업이 있었다면 적어보기
3. 이 직업을 위해 학교 졸업 후 받은 교육
4. 왜 이 직업을 선택했는가?
5. 이 직업에 있어서 가장 좋은 점

FRIDAY
오늘의 주요사항 적기 ◀

나의 평가
1. 나의 자유학기제 참여도는?
2. 출결사항은?
3. 시간은 엄수하였나?
4. 기한 내 과제물은 완수하였나?
5. 구두 의사소통 능력은?

MONDAY

TUESDAY

WEDNESDAY

THURSDAY

FRIDAY

MONDAY

TUESDAY

WEDNESDAY

THURSDAY

FRIDAY

MONDAY

TUESDAY

WEDNESDAY

THURSDAY

FRIDAY

MONDAY

TUESDAY

WEDNESDAY

THURSDAY

FRIDAY

MONDAY

TUESDAY

WEDNESDAY

THURSDAY

FRIDAY

6 주차 WEEK COMMENCING   년   월   일

MONDAY

TUESDAY

WEDNESDAY

THURSDAY

FRIDAY

MONDAY

TUESDAY

WEDNESDAY

THURSDAY

FRIDAY

MONDAY

TUESDAY

WEDNESDAY

THURSDAY

FRIDAY

MONDAY

TUESDAY

WEDNESDAY

THURSDAY

FRIDAY

MONDAY

TUESDAY

WEDNESDAY

THURSDAY

FRIDAY

MONDAY

TUESDAY

WEDNESDAY

THURSDAY

FRIDAY

MONDAY

TUESDAY

WEDNESDAY

THURSDAY

FRIDAY

MONDAY

TUESDAY

WEDNESDAY

THURSDAY

FRIDAY

MONDAY

TUESDAY

WEDNESDAY

THURSDAY

FRIDAY

MONDAY

TUESDAY

WEDNESDAY

THURSDAY

FRIDAY

MONDAY

TUESDAY

WEDNESDAY

THURSDAY

FRIDAY

MONDAY

TUESDAY

WEDNESDAY

THURSDAY

FRIDAY

MONDAY

TUESDAY

WEDNESDAY

THURSDAY

FRIDAY

MONDAY

TUESDAY

WEDNESDAY

THURSDAY

FRIDAY

MONDAY

TUESDAY

WEDNESDAY

THURSDAY

FRIDAY

MONDAY

TUESDAY

WEDNESDAY

THURSDAY

FRIDAY

MONDAY

TUESDAY

WEDNESDAY

THURSDAY

FRIDAY

MONDAY

TUESDAY

WEDNESDAY

THURSDAY

FRIDAY

MONDAY

TUESDAY

WEDNESDAY

THURSDAY

FRIDAY

직업체험 다이어리

Work Experience Diary

나의 강점 찾기

말로 소통하는 능력
- 조리 있게 말하기
- 앞에 나가서 발표하기
- 다른 사람 이야기 경청하기
- 내 생각을 다른 사람들에게 설명하기
- 어떤 것을 묘사할 때 적정한 단어 찾기

문서로 소통하는 능력
- 에세이, 이야기, 편지 쓰기
- 신청서 작성하기
- 읽기
- 지원서, 자기소개서

인간관계 능력
- 리더십
- 설득력, 판매력
- 협동심
- 갈등해결 능력
- 경청하여 남을 돕는 능력
- 가르치는 능력
- 비판을 받아들이기

숫자에 대한 능력
- 계산하기
- 예산세우기
- 숫자 기억하기
- 숫자 예측하기
- 도표를 통해 숫자 제시하기
- 평균, 백분율 이해하기

신체활동 능력
- 운동능력
- 조립하고 분해하는 능력
- 기계를 작동하는 능력

문제해결 능력

- 정보를 이해하고 해석하기
- 새로운 방법을 도출하기

정보기술 활용 능력

- 엑셀, 파워포인트, 인터넷 등 컴퓨터 활용하기

프로젝트 관리 능력

- 이벤트 조직하기
- 활동계획수립해 보기
- 지시를 따르고 해보기
- 시간 계획해 보기

배우는 기술

- 개념 이해하기
- 상황에 대한 이해
- 외국어 배우기

창의력

- 미술 및 예술 활동
- 음악 연주 및 작곡
- 디자인하기
- 드라마 만들기

기타, 그 밖의 나의 강점들

직업체험 개요

기간 :

고용회사명 :

주소 :

회사 연락처(전화/팩스) :

회사의 주요 사업내용에 대해 적어보자.

직업체험 전 준비

업무시작 시간 / 종료 시간 :

교통편 :

업무에 적정한 복장 :

점심식사 :

본인이 기대하는 업무에 대해 적어보자

배우기를 원하는 것에 대해 적어보자

직업체험 안전 체크 리스트 - 학생용

학생들은 직업체험 전에 아래의 사항들을 다시 한 번 확인하도록 한다.

학교 연락처	
건강 및 안전 사항들을 확인할 연락처	
직업체험장소에서 사고가 생겼을 시 연락처	
직업체험장소 관리자 이름 및 연락처	
직업체험장소에서의 안전책임자	
직업체험장의 안전수칙	
직업체험장에서 요구하는, 또는 하지 말아야 할 행동	
응급조치 방법	
화재 시 대처방법	
화재 시 소화기 사용 방법을 익혔는가? 안전 관리 책임자는 누구인가?	

1일차

시간에 맞추어 출근하였는가?

오늘 한 일에 대해 적어보기

오전 :

점심시간 :

오후 :

퇴근 후 :

어떤 느낌이었는가?

첫날 누구를 만났는가?

내게 주어진 일은 무엇이었나?

첫날 가장 좋았던 것은 무엇이었나?

첫날 가장 나빴던 일은 무엇이었나?

오늘 한 일에 대해 적어보기

오전 :

점심시간 :

오후 :

어제보다 수월했는가?

일하고 있는 직업장소 및 환경에 대해 설명해 보기

이 조직에 대해 무엇을 추가로 알았는가?

이 회사는 어떤 상품과 서비스를 제공하는가?

몇 명의 직원이 근무하는가?

이 조직에 대한 유용한 정보는 무엇인가?

3일차

오늘 한 일에 대해 적어보기

오전 :

점심시간 :

오후 :

오늘의 일반적인 내용 :

누구와 같이 일하며 그들이 하는 일은 무엇인가?

직원들은 어떤 기술을 필요로 하는가?

직원들은 어떤 교육과 자격증을 필요로 하는가?

직원들과 어떻게 잘 지내고 있는가?

직원들에 대해 알기 위해 어떻게 하였는가?

직원들과 같이 일하면서 무엇을 배웠는가?

오늘 한 일에 대해 적어보기

오전 :

점심시간 :

오후 :

이 직업을 미래에 갖고 싶은가?

이 조직에 적용되는 규칙을 적어보기

어떻게 직원들은 업무시간을 계산하는가?

어떤 건강 및 안전 규칙이 있는가?

위생규칙은 무엇인가?

비상시 어떤 안전 수칙이 있는가?

직원이 규칙을 어겼을 때 어떤 조치가 취해지는가?

5일차

오늘 한 일에 대해 적어보기

오전 :

점심시간 :

오후 :

한 주간의 일반적인 내용 적어보기 :

이번 직업체험은 내가 기존에 생각했던 직업에 대한 생각과 많이 달랐는가?

한 주를 경험하면서 어떤 느낌이 들었는가?

직업체험 보고서

※ 보고서를 작성하기 전에 5일간 작성한 다이어리를 다시 한 번 참조하여 정리한다.

이 경험을 통해 무엇을 배웠는가?

어떤 부분이 가장 즐겁고 흥미로웠는가? 그 이유는?

어떤 부분이 가장 어려웠는가? 그 이유는?

이 경험이 향후 직업선택 시, 어떤 영향을 줄 것 같은가?

다른 직업체험과 비교해 봤을 때 이번 직업체험을 어떻게 평가하는가?

꿈과 끼를 찾는 자유학기제

수요일 밤 10시. 학원 앞에는 아이들을 기다리는 부모들의 차량들로 때 늦은 교통정체가 빚어지고 있다. 그 무리 속에는 나와 중학교 1학년에 다니는 내 아이도 있다.

편안한 주말을 보내고 싶어지는 토요일.
"엄마, 친구들하고 축구하러 가고 싶은데……."
"오늘 영어학원 보충 있잖아. 축구는 다음에 하면 안 될까?"
나는 토요일에도 학원으로 아이들을 보내는 엄마이며, 이는 현재 대한민국 교육의 현실이기도 하다.

2016년 꿈과 끼를 키우는 '자유학기제'를 전면 실시한다.
'전국의 모든 중학교에서 자유학기제를 실시하기만 하면, 우리나라 교육은 성공하는 것일까?', '자유학기제가 교육 개혁의 만병통치약이 될 수 있을까?'

필자가 살펴본 아일랜드의 전환학년제는 비록 쉽게 식지 않는 높은 교육열과 치열한 대학입학경쟁이 있지만, 그 속에서 이를 안타까워하며 조금이나마 아이들의 숨통을 틔워주려는 아일랜드 어른들의 노력이 만들어낸 시스템이었다.

아일랜드는 이 시스템을 성공시키기 위해서 국가, 기업 및 지역사회, 학교와 교사, 학생과 학부모 등 모두가 전환학년제 기간 동안 그 본래의 취지를 훼손하지 않기 위해 부단히 노력해 왔다. 그 결과 지금은 사회 구성원 모두가 전환학년제를 당연한 제도로 받아들이고 있다.

그렇다면, 아일랜드에서 전환학년제가 성공하기 위해 얼마 동안의 시간이 걸렸을까? 자그마치 40년이다.

우리나라도 마찬가지이다. 2016년 자유학기제를 전면 도입한다고 해서 만연해 있는 대학입시경쟁을 바탕으로 한 교육의 문제점들이 단숨에 사라지고, 모든 학생이 꿈과 끼를 찾는 학교생활이 되지는 않을 것이다.

그렇지만 우리와 비슷한 교육환경에서 시작되고 정착된 아일랜드의 전환학년제처럼 우리도 자유학기제를 통해 학생들이 꿈과 끼를 찾을 수 있도록 다함께 노력한다면, 우리 아이들은 자신만의 소중한 색깔을 찾고 이를 성장시키는 방법들을 배우게 될 것이다.

자유학기제의 성공적인 정착을 위해서, 학생들은 자신의 꿈을 찾기 위해 부단히 노력해야 할 것이고, 교사들은 그들의 꿈을 찾아 주기 위해 새로운 창의적 수업방법을 꾸준히 개발해야 하며, 기업과 지역사회에서는 학생들의 직업체험활동이 그들의 진로 선택에 현실적으로 도움이 될 수 있도록 해야 할 것이다. 정부 또한, 자유학기제가 입시에서 벗어나 학생들의 꿈을 찾을 수 있는 기회가 될 수 있도록 제대로 된 정책으로 이끌어야 한다.

이런 노력들과 함께 우리가 해야 할 가장 중요한 것은, 너무 조급해하지 말고 자유학기제가 그 진가를 발휘할 수 있도록 정착을 위한 시간을 내어주고 또 기다려주는 것이다.

학생들에게는 미래의 꿈을,
교사들에게는 잃었던 꿈을,
부모에게는 자녀에 대한 꿈을 다시 찾아 줄 제도!
아이들을 하나의 기준에 맞추려 들지 말고 타고난 재능과 그들이 가진 소중한 보물들을 찾아주려는 이러한 노력들은 분명 우리 아이들을 위해 필요한 첫걸음이 될 것이다.